# Eine Stunde Glück
# für jeden Tag

# Eine Stunde Glück für jeden Tag

*Worte voll Lebensweisheit*

HERDER

FREIBURG · BASEL · WIEN

Sonderband 2010

*Herausgegeben von Ulrich Sander*

*Beiträge:*

Petra Altmann
Benedikt XVI.
Dietrich Bonhoeffer
Phil Bosmans
Joan Chittister
Peter Dyckhoff
Ylva Eggehorn
Erich Fried
Dietrich Grönemeyer
Anselm Grün
Rainer Haak
Gisela Ibele
Margot Käßmann
Willi Lambert
Odilo Lechner
Antje Sabine Naegeli
Therese Nolte
Henri Nouwen
Huub Oosterhuis
Karl Rahner
Richard Rohr
Katharina Schridde
Andrea Schwarz
Christa Spilling-Nöker
Pierre Stutz
Weifan Wang
Bärbel Wartenberg-Potter
Paul Weismantel
Notker Wolf
Jörg Zink

# Vorwort

Was ist Lebensweisheit? Allemal keine angelernte, einstudierte Information. Kein abfragbares Wissen für Quiz-Sendungen. Nichts, wofür akademische Titel verliehen werden. Eher schon eine durch Erfahrung gewonnene Lebenskunst. Informationen lassen sich von Datenbanken beziehen, Weisheit nur aus den Zeugnissen von Menschen und aus der Glaubwürdigkeit ihres Lebens.

Dieser Band versammelt Worte voll Lebensweisheit. Sie sind eine Einladung, der Sehnsucht nach Glück zu vertrauen: im eigenen Herzen (Kapitel 1), in Freundschaft und Liebe (Kapitel 2), mitten im Alltag (Kapitel 3) manchmal unter Tränen (Kapitel 4) und immer als Grundmelodie eines Segens, der uns verlässlich zugesprochen ist (Kapitel 5).

Die bekannten Autorinnen und Autoren sind alle auf ihre Art Meister praktischer Lebenskunst. Aus den Beiträgen von Abtprimas Notker Wolf, der EKD-Ratsvorsitzenden Margot Käßmann, der Schriftstellerin Andrea Schwarz spricht intensiv durchlebte persönliche Erfahrung. Die Texte von Anselm Grün und Joan Chittister, Phil Bosmans und Antje Sabine Naegeli spiegeln alle auf je eigene Weise die langjährige Erfahrung der Autorinnen und Autoren in der Begleitung von Menschen in den verschiedenen Situationen ihres Lebens wider.

Wer heute nach Glück und Lebensweisheit fragt, hat wieder offene Ohren für die jahrhundertealte Lebenskunst der Mönche (und Nonnen). Petra Altmann, Abt Odilo Lechner und die evangelische Ordensfrau Katharina Schridde schöpfen aus lebendiger benediktinischer Tradition, Richard Rohr aus franziskanischen Quellen, Willi Lambert aus den Inspirationen des Jesuitenordens. Pierre Stutz und

Peter Dyckhoff bringen die Weisheit der Mystikerinnen und Mystiker heute zur Sprache.

So unterschiedlich ihre Stimmen sind, so verbindet die genannten Beiträger und die anderen Autorinnen und Autoren dieses Bandes alle Ehrlichkeit sich selbst gegenüber, Respekt vor dem menschlichen Herzen und eine große Leidenschaft für das Mögliche.

Für das Glück, das auf unsere wachen Augen und offenen Hände wartet.

*Ulrich Sander*

## 1 Der Spiegel des Glücks
*Sich selbst finden und glücklich sein*

## 3 Das Glück des Alltags

***Der wichtigste Tag deines Lebens ist heute***

## 4 Ausschau halten nach dem Licht

*Weisheit für dunkle Stunden*

## Von Atemzug zu Atemzug

*Christa Spilling-Nöker*

Den weißen Wolken nachträumen
und ihnen die eigenen Wünsche auf ihre Reise
über den Himmel mitgeben.
Sein dürfen, einfach nur sein:
von Atemzug zu Atemzug
von Augenblick zu Augenblick.

# 1

## Der Spiegel des Glücks

Sich selbst finden und glücklich sein

*Uns selbst anzunehmen als ein unverstandenes, erst langsam sich enthüllendes Geschenk der ewigen Güte Gottes – das ist die Weisheit und die große Tat eines christlichen Lebens.* ∽ *Karl Rahner*

## Glück unterwegs

*Christa Spilling-Nöker*

Wer möchte es nicht gern zu fassen kriegen, das Leben, das Glück, endlich die Gewissheit verspüren, angekommen zu sein im Land der Lebensträume, dankbar Ja sagen zu können zu dem, was geworden ist im Laufe der Zeit?

Aber das Bleiben ist uns nicht bestimmt. Abschied und Aufbruch treiben uns immer wieder in Zeiten der Unruhe, in denen wir uns heimatlos fühlen.

Immer neue Bereiche wollen von uns erobert, unerschlossene Räume in uns selbst behutsam aufgespürt werden, um uns mit der in ihnen angelegten Fülle zu bereichern.

*Wir bleiben Suchende und Werdende*
*ein Leben lang.*
*Im Unterwegssein zu uns selbst*
*finden wir heim.*

## Im Einklang leben

*Anselm Grün*

Die Suche nach Glück prägt den Menschen seit der frühen griechischen Philosophie. Der wohl größte griechische Philosoph, *Platon,* stellt die These auf: „Alle Menschen wollen glücklich sein." Aber für Platon ist der Weg zum Glück ein spiritueller Weg. Es ist ein Weg nach innen, zur Seele, zum göttlichen Kern im Menschen. Glück kann man nicht kaufen oder besitzen. Es gibt immer nur Augenblicke, in denen wir glücklich sind. Glück heißt: im Einklang mit sich selber sein, dankbar sein für das, was ich bin, für diesen einen Augenblick, in dem ich jetzt lebe.

Viele Ratgeberbücher meinen, sie könnten genau angeben, mit welchen Schritten man immer glücklich sein kann. Doch so einfach ist Glück nicht zu machen oder zu haben. Es ist eine Kunst, glücklich zu sein. Kunst kommt von können. Ich muss das Menschsein lernen, damit ich immer wieder Glück erfahren darf. Und Kunst kommt von Nachahmung. Ich muss nicht nur die Natur nachahmen, sondern auch meinem Wesen gemäß leben, die Natur meiner Seele nachahmen, um glücklich zu werden.

In fast allen Medien ist heute von Selbstfindung und Selbstvertrauen die Rede. Aber je mehr wir darüber sprechen, desto schwerer tun sich die Menschen, ihr wahres Selbst zu finden. Jeder Psychologe sagt uns, dass wir uns selbst annehmen sollen. Aber die Frage ist, wie es gelingt, sich selbst zu akzeptieren … Auf der einen Seite ist es gut, dass wir uns nicht zur Ruhe setzen, sondern uns auf den Weg machen, an uns arbeiten und immer authentischer werden. Auf der anderen Seite müssen wir uns verabschieden von zu hohen Idealen. Diese hinterlassen in uns nur Frustration oder Ruhelosigkeit. Wir arbeiten immer mehr an uns und kommen doch keinen Schritt weiter. Da ist es wichtig, sich mit der eigenen Durchschnittlichkeit auszusöhnen. Das heißt nicht, die Hände in den Schoß zu legen. Aber es heißt, sich von der Illusion zu befreien, ich müsse auch das persönliche Wachstum immer mehr beschleunigen …

So geht es darum, von der Spiritualität und der Psychologie her einen gangbaren Weg zu finden, wie wir in Einklang kommen mit uns selbst, mit unserem Leib, mit unserer Seele, mit unseren Stärken und mit unseren Schwächen, mit unserem Älterwerden und mit unserem Zurückbleiben hinter all den Verheißungen, die uns heute manche therapeutischen oder esoterischen Bewegungen vor Augen halten. Es braucht im Umgang mit uns selbst die alten Haltungen der Demut und des rechten Maßes. Nur dann werden wir einen Weg finden, uns mit uns auszusöhnen, Ja zu sagen zu uns, so wie wir sind, und zugleich die Hoffnung nicht aufzugeben, dass wir innerlich weiter wachsen werden und immer mehr in die Gestalt hineingeformt werden, die sich Gott von uns gemacht hat.

## Das Leben umarmen

*Andrea Schwarz*

Der kleine Drache kratzte sich am Kopf, traute sich aber schließlich doch, ihre Frage zu stellen: „Wie macht man das denn nun – leben?“ Moya sah sie liebevoll an: „Du tust es schon längst …“ – „Wie bitte?“, der kleine Drache glaubte, nicht recht gehört zu haben.

„Ja“, wiederholte Moya, „ich mein schon, was ich gesagt habe … du tust es bereits …“ – „Wieso???“ – „Du hast dich getraut, der Sehnsucht und den Träumen einen Platz in deinem Herzen zu geben, du hast deine Einsamkeit gespürt, du hast dir eingestanden, dass du Angst hast, du hast anderen vertraut und konntest staunen, du hast die scheinbare Sicherheit aufgegeben, du hast dich verwunden lassen und hast geweint. Du hast tiefer gehen und höher fliegen wollen, das ist doch Leben – auch wenn du dabei deinem Ziel vielleicht noch nicht näher gekommen bist. Aber möglicherweise ist das Unterwegs-Sein wichtiger als das Angekommen-Sein …“

Der kleine Drache war verblüfft … ihre Suche nach dem Traum nahm durch Moya eine Wendung, die überraschend für sie war …

… Der kleine Drache erwachte, als die Sonne sich schon gen Abend neigte – und, mit einem Schlag hellwach, spitzte sie die Ohren. Da war doch was … ja, eine Melodie lag in der Luft … eine schöne, sanfte Melodie, ein wenig melancholisch und doch voll Lebensfreude …

Was hatte Moya gesagt? „Wenn du die Melodie hörst, dann tanz … ob du traurig oder glücklich bist, tanz … gib dich der Melodie … warte nicht auf andere, die mit dir tanzen, vielleicht ist die Melodie vorbei, bis du sie gefunden hast … tanz, auch wenn du ganz allein bist, wenn niemand mit dir tanzt … kümmere dich nicht darum, was die anderen sagen oder denken mögen – kann sein, dass sie dich nicht verstehen, dich auslachen – weil sie die Melodie nicht hören … du aber tanz, sei, werde Melodie …“

Und der kleine Drache tanzte … sie wiegte sich zärtlich hin und her, streichelte die Luft, sie tanzte.

Diese Melodie im Herzen setzte sie zierlich die Pfoten auf den Boden, ganz behutsam, als wolle sie die Melodie nicht verjagen – aber je mehr sie selbst Melodie wurde, umso lebendiger wurden ihre Bewegungen, umso wilder ihr Stampfen – um wieder zu einem sanften Wiegen zu werden.

Schön, dachte der kleine Drache, einfach schön. Und momentelang fühlte sie „Ja, das ist es …“ – dieses Einssein mit der Melodie, das war es, wonach sie sich im Innersten Herzen gesehnt hatte …

Leise verklang die Melodie – und die Verzauberung löste sich behutsam von dem kleinen Drachen …

Sie stand da, mitten im Wald, die Vorderpfoten weit ausgebreitet, als wolle sie das Leben umarmen – und war zutiefst glücklich …

## Mit allen Sinnen leben

*Gisela Ibele / Therese Nolte*

Unsere Wegbegleiter durch das Leben sind unsere Sinne. Wir gehen einen Weg der Erfahrung, einen Weg mit Anfang und Ziel, einen Weg der Begegnung. Es braucht Sehnsucht, Neugierde und Risikofreudigkeit, um Erfahrungen zu machen. Wer nicht nach vorne lebt und ziellos in den Tag hineinstolpert, dem widerfährt nichts, der bleibt ohne „Fahrtwind" und ohne Er-fahrung.

*Sehen:* Unsere leiblichen Augen sehen alles auf dem Kopf. Erst im Gehirn wird das Gesehene korrigiert und ein wahrheitsgemäßes Bild entworfen. Wir brauchen zwei Augen, damit wir perspektivisch sehen können. In unserem Leben machen wir ähnliche Erfahrungen. Die Realität ist oft anders, als wir sie wahrnehmen. Das Auge ist das Fenster für die Seele. Für das Sehen des Unsichtbaren und das Sehen mit dem Herzen brauchen wir „zwei Augen". Ich brauche Menschen, mit denen ich meine Sichtweise teilen kann. Erst so gelingt gutes Sehen.

*Hören:* Das Ohr als differenziertes Sinnesorgan ist schon im Mutterleib voll ausgebildet und funktionstüchtig. Der Embryo hört und erkennt die Stimme der Mutter und mit der Stimme auch ihre Stimmung. Ein sterbender Mensch hört bis zuletzt, selbst wenn andere Sinnesorgane bereits ihre Funktion aufgegeben haben. *Joachim Ernst Berendt* sagt: „Das Auge führt den Menschen in die Welt hinein und das Ohr führt die Welt in den Menschen hinein." Wenn ich „außer mir" bin vor Erregung, Zorn, Angst verändert sich meine Stimmlage. Meine Stimme und meine Sprache verraten oft mehr von mir, als ich glaube. Es gibt aber auch verschlüsselte Botschaften in meinem Leben, die ich hören oder überhören kann. Meine Träume sprechen zu mir, meine Gefühle, mein

Gewissen, mein siebter Sinn, meine Ahnungen, unvorhergesehene Ereignisse, mein Körper …

*Riechen: Kleopatra* wird nachgesagt, sie habe *Marc Anton* und *Caesar* gezielt mit Duftstoffen betört. Mit Düften zu kommunizieren und die Attraktivität zu steigern, das ist nicht nur Frauensache. Der Geruchssinn ist höchst empfindlich und für unser Gefühlsleben von großer Bedeutung. Über Gerüche können wir unsere Stimmung beeinflussen, wir bekommen Appetit auf das Leben. Wohlriechende Düfte sind wie ein unsichtbares Netz, das uns mit Menschen und Erfahrungen verbindet. Im zweiten Korintherbrief erzählt der Apostel Paulus vom Duft der Erkenntnis Jesu Christi, der sich an allen Orten verbreitet. Die Welt der Düfte weckt in uns heimatliche Gefühle und manchmal auch spirituelles Empfinden. Wir nehmen die (un-)bewusste Gegenwart Gottes wahr (zum Beispiel, indem wir Weihrauch entzünden).

*Schmecken:* Unser Geschmack lässt sich auf vier verschiedene Grundqualitäten zurückführen: süß, sauer, salzig und bitter. Babies kommen schon mit einer Vorliebe für Süßes auf die Welt. Von unserer Zunge werden die Geschmacksinformationen über Nervenfasern weiter ins Gehirn geleitet, was uns mitunter „das Wasser im Mund zusammenlaufen" lässt. Ich erinnere mich an festliche Anlässe, bei denen ich nicht nur das gute Essen, sondern auch die Gemeinschaft und gute Gespräche genossen habe. Mit unserem Geschmackssinn können wir Erinnungen abrufen und zum Leben erwecken, noch bevor es unser Verstand tut.

*Fühlen:* Wir fühlen nicht nur mit unserer Haut, sondern vor allem mit dem Gehirn. Die Nervenbahnen leiten über die Hautrezeptoren Informationen an unser Gehirn, mit dem wir den Sinneseindruck entschlüsseln, sozusagen „codieren". Aus vorherigen Erfahrungen baut sich unser Gehirn ein Bild zusammen, das wir als angenehm, hart, weich, kalt, warm … deuten. Fühlen ist ein ganzheitliches Erleben, das sich auch in unserer Sprache wiederfindet. Zum Beispiel definieren oder umschreiben wir „fühlen“ mit: empfinden, spüren, tasten, wahrnehmen, bemerken, merken, wittern, ahnen, gewahr werden, inne werden, sich bewusst werden, zumute sein …

Gehen Sie aufmerksam durch Ihr Leben, denn je offener die Sinne, desto wacher der Geist und umso größer die Lebendigkeit.

Zum Segen mög dir gereichen
all das Schöne, das dein Auge
wahrnehmen und im Laufe eines
einzigen Tages erblicken kann.

Zum Segen möge dir gereichen
jeder Klang der Musik und jedes
gute Wort, das du mit deinen
Ohren aufnehmen kannst.

Zum Segen möge dir gereichen
die frische Luft, die du einatmest,
und der je eigene Duft,
der durch deine Nase dringt.

Zum Segen mögen dir gereichen
all die verschiedenen Situationen,
die dich berühren, die du vorsichtig
mit deinen Fingerspitzen ertastest.

Zum Segen mögen dir gereichen
die vielen guten Gaben der Schöpfung,
die du verkosten kannst mit deinem Mund
und dem zarten Geschmack deiner Seele.

*Paul Weismantel*

## In Kontakt mit den eigenen Gefühlen

*Willi Lambert*

Eines der vielen humorvollen und hintersinnigen Worte des Komikers *Karl Valentin* bringt die Frage der Kommunikation mit sich selber auf den Punkt: „Heut Abend, da möchte I mi bsuachn. Bin gspannt, ob I dahoam bin." (Heute Abend möchte ich mich besuchen. Ich bin gespannt, ob ich daheim bin.) – Ist dies nicht eine exakte Beschreibung dessen, wie es „uns" nicht selten selber geht? Man ist „daheim", man ist allein – aber ist man wirklich bei sich? Man ist nicht nur „außer sich", wenn man vor Wut explodiert, man kann auch außer sich, nicht bei sich sein, weil die eigene Aufmerksamkeit nur nach außen geht. Am deutlichsten wird dies, wenn jemand nicht sagen kann, wie es ihm geht, wie ihm zumute ist, wie er sich fühlt, was bei ihm abläuft.

Nicht wenige Sensibilisierungs-Seminare wollen nichts anderes tun als helfen, dass jemand in Kontakt mit sich selber kommt. Auch für *Ignatius von Loyola* war es ein langer Weg, bis er sich selber fand ... Es gibt genügend Menschen, die keinen angemessenen Zugang zu ihrem eigenen Empfinden und Fühlen kennen. Es kommt immer wieder vor, dass jemand, wenn er im Begleitungsgespräch von der Geschichte einer massiven Verletzung erzählt, nicht über seine Empfindungen und Gefühle sprechen kann. Auf die Frage, wie er sich fühle, folgt nicht selten die Antwort in der Weise, dass nur nochmals die Geschichte von der erlittenen Ungerechtigkeit und so weiter erzählt wird, aber das Vokabular für Ärger, Zorn, Wut, Angst, Traurigkeit, Bedrücktsein und Ähnliches zu fehlen scheint. Ignatius lernte diese inneren Bewegungen kennen. Während einer seiner Brüder auf Schiffen in die neue Welt fuhr – Amerika war soeben entdeckt worden –, machte Ignatius die Entdeckung ungeheurer, geheimnisvoller Innenwelten.

Wo geht's denn hin? Wo geht's denn lang? Dies sind normale Fragen, wenn jemand wissen möchte, wo ein Weg, ein Unternehmen, eine Planung hinführen. Fragen, die auch Ignatius stellte, als er elementar seine inneren Regungen und Bewegungen entdeckte. Er erlebte seine Gefühle nicht nur als bunte Farbkleckse auf seiner Seelentafel, sondern meist verbunden mit Fragen nach seinem Lebensweg: Was wollte er?

Ignatius war bemüht, in seinem Suchen auch die Welt seiner Empfindungen als Hinweise, Wegweiser und Antworten zu entschlüsseln. Die bedeutendsten Gefühlsregungen waren für ihn sicher die der Freude, des Trostes und der Begeisterung. Wenn er Begeisterung und anhaltende Freude verspürte, bewegte er sich in diese Richtung innerlich und äußerlich weiter. Vor allem beim Anblick des Sternenhimmels fühlte er in sich Trost, Jubel, Freude und das große Verlangen, dem Herrn des Universums zu dienen. Von diesem Verlangen, von der Begeisterung für Ideale „entflammt", erlebte er sich geführt und getrieben.

Als einfache Grundregel mag gelten: Was einem auf Dauer tiefe Freude, Frieden, Freiheit, Liebe und innere Stimmigkeit bringt, das ist eine gute Wegspur. Wer diesen Impulsen folgt – auch gegen manche Widerstände –, der darf sich Wege des Lebens geführt wissen.

## Glück und Geduld

*Christa Spilling-Nöker*

Woraus besteht unser Leben? Es besteht aus vielen Jahren, aus unendlich vielen Monaten und Wochen und aus einer nahezu unübersichtlichen Aneinanderreihung von Tagen, Stunden und Minuten. Das Geschenk unseres Lebens ist zugleich das Geschenk der uns zur Verfügung gestellten Lebenszeit.

Übe dich in Geduld und erhoffe vom Augenblick nur das, was er dir jetzt gerade auch geben kann. Überfordere dich nicht selbst und verlange von anderen nicht mehr, als sie (zurzeit) leisten können. Lass den Gedanken zu, dass heute nicht alles gelingen muss – was hättest du sonst auch morgen zu tun? Erwarte nicht, dass im Winter schon die Rosen blühen und dass du Sonnenblumen gar im Frühjahr schneiden kannst.

Es kann nicht alles, was wir wollen, zu jedem Zeitpunkt auch gelingen. Es gilt, den richtigen Augenblick wahrzunehmen für all die Pläne, die wir gern in Angriff nehmen wollen, und für die Worte, die wir einem anderen Menschen sagen möchten. Nur dann kann sich erfüllen, was wir wünschen, und unser Leben voller Segen fruchtbar sein.

*Alles braucht seine Zeit,*
*braucht Sorgfalt und Pflege,*
*bis es dir in farbenfroher Fülle*
*blühen und dein Herz*
*glücklich machen kann –*
*nicht nur in der Natur,*
*sondern auch in dir selbst.*

## Alleinsein und Atemholen

*Margot Käßmann*

In der Mitte des Lebens kann es sein, dass ich plötzlich mit Einsamkeit konfrontiert bin. Bei den einen ist die Scheidung ihrer Ehe der Auslöser, bei anderen der Tod des Partners oder der Partnerin, der Auszug der Kinder kann mich in Einsamkeit stürzen oder auch der Verlust des Arbeitsplatzes … Es gibt beides: einsam sein, ohne allein zu sein, und allein sein, ohne die Einsamkeit zu spüren.

Darum scheint es mir entscheidend, Einsamkeit und Alleinsein zu unterscheiden. Einsamkeit ist ein Verlassensein von anderen Menschen; der Begriff hat für uns heute einen bitteren Zug. Sicher ist es eher das Alleinsein, das in der religiösen wie der künstlerischen Erfahrung als positiv und kreativ wahrgenommen wird. Und da sind die Menschen unterschiedlich veranlagt. Es gibt Männer und Frauen, die leben am liebsten im Sturm, es sind so viele Bälle in der Luft, dass immer jongliert werden muss – aber es gelingt, und sie sind glücklich. Lange Zeit habe ich mich selbst so gefühlt. Wenn ich solche Menschen heute treffe – mit einigen bin ich befreundet –, halte ich manchmal den Atem an und denke: Hoffentlich kommt sie auch zum Durchatmen, hoffentlich findet er mal einen ruhigen Moment zum Nachdenken. In der Mitte des Lebens werden mir solche Ruhepunkte wichtiger …

Es ist gut, mit sich allein sein zu können. So erfahre ich, wer ich selbst bin, setze mich mit mir auseinander, kenne mich selbst. Denn es gibt auch ein Weglaufen vor sich selbst, ein Flüchten in Aktivitäten. Dass wusste schon *Bernhard von Clairvaux*, der im 12. Jahrhundert an Papst *Eugen III.* schrieb, dessen Lehrer und Freund er war: „Wo soll ich anfangen? Am besten bei deinen zahlreichen Beschäftigungen.

Denn ihretwegen habe ich am meisten Mitleid mit dir. Ich fürchte, dass du, eingekeilt in deine zahlreichen Beschäftigungen, keinen Ausweg siehst und deshalb deine Stirn verhärtest. Dass du dich nach und nach des Gespürs für einen durchaus richtigen und heilsamen Schmerz entledigst. Es ist viel klüger, du entziehst dich von Zeit zu Zeit deinen Beschäftigungen, als dass sie dich ziehen und dich nach und nach an einen Punkt führen, an dem du nicht landen wolltest. Du fragst, an welchen Punkt? An den Punkt, wo das Herz hart wird. Wenn also alle Menschen ein Recht auf dich haben, dann sei auch du selbst ein Mensch, der ein Recht auf sich hat. Warum solltest einzig du selbst nichts von dir haben? Wie lange noch schenkst du allen anderen deine Aufmerksamkeit, nur nicht dir selbst? Wer aber mit sich selbst schlecht umgeht, wem kann er gut sein? Denke also daran: Gönne dich dir selbst. Ich sage nicht, tu das immer, ich sage nicht, tu das oft, aber ich sage, tu das immer wieder einmal: Sei wie für alle anderen auch für dich selbst da, oder jedenfalls sei es nach allen anderen."

Mir schickte jemand diesen Brief *Bernhards von Clairvaux* zur Einführung in das Amt der Landesbischöfin. Und ich muss sagen, über acht Jahrhunderte hinweg empfinde ich ihn als hilfreichen Rat. Solches Alleinsein, solches „dich dir selbst gönnen", sind Stunden oder Tage des Atemholens. Wir brauchen Zeiten des Rückzugs, ab der Mitte des Lebens noch mehr, um Kräfte zu sammeln, denke ich. Wir können lernen, mit uns allein zu sein und eine innere Balance zu finden. Aber der Rückzug sollte keine Selbstisolation sein, sondern auch immer den Weg finden zurück in Gemeinschaft, in familiäre Beziehungen und Verpflichtungen, in Freundschaften, in berufliches oder ehrenamtliches Engagement.

## Zur Freude geboren

*Notker Wolf*

Wir sind zum Glück und zur Freude bestimmt, nicht zum Leiden und zum Unglück. Keiner wird auf die Frage, wozu er geboren sei, sagen: zum Trauern. Zum Leben, wenn es da ist, gehört Fülle, auch die Freude in Fülle. Jesus hat gesagt: Ich möchte, dass sie das Leben in Fülle haben – und damit auch die Freude in Fülle. Gemeint ist die echte Freude, nicht die Scheinfreude, die die Werbung aufoktroyiert. Jesu Grundgefühl ist die Freude am Leben. Diese Freude, die aus Gott kommt, ist eine Möglichkeit, Gott kennenzulernen. Das ist der Kern seiner Botschaft: „damit meine Freude in euch ist und damit eure Freude vollkommen wird".

„Wie lange noch schenkt du allen andern deine Aufmerksamkeit, nur nicht dir selber? Wer mit sich selbst schlecht umgeht, wem kann der gut sein? Denk also daran: Gönne dich dir selbst." Das ist die Empfehlung des *Bernhard von Clairvaux*. Er hat es im 12. Jahrhundert an seinen Schüler *Bernhard von Pisa* geschrieben, den Mönch, der Papst wurde und den Namen *Eugen III.* annahm. So wichtig das Amt des Papstes ist, so gewaltig und vielfältig die Aufgaben, so bedeutend die Bürde – er rät Eugen, seine Zeit nicht nur anderen zu widmen, sondern sein eigenes Leben, sich selber nicht zu vernachlässigen. Bernhard kannte die Schwächen und die Stärken des Menschen. Tief verwurzelt in der benediktinischen Spiritualität kannte er auch die Notwendigkeit und den Sinn asketischer Lebensführung. Aber Gottgefälligkeit und Menschenfreundlichkeit gehören für diesen Heiligen zusammen.

Sich etwas gönnen ist ein Zeichen des weiten Herzens, der Großzügigkeit und der mitteilenden und wohlwollenden Lebensfreude, die andere nicht ausschließt. Wir haben nur diese Lebenszeit. Und sie ist kostbar. Wir haben teil am Reichtum des Daseins. Wer weiß, wie lange wir auf der Welt sind … Für uns alle gilt: Leben ist endlich. Deshalb ist es durchaus richtig zu sagen: „Lebe endlich." …

Wer sich der Freude öffnet, wer sich gönnt, ihr Raum und Zeit in seinem Leben einzuräumen, dessen Herz wird weit. Das steht hinter dem Rat Bernhards und es steht auch in der Tradition des Mönchtums. Benedikt spricht in seiner Regel sehr kritisch über den Müßiggang. Aber die Lebensfreude spielt in der Regel eine wichtige Rolle … Freude aus der Weite des Herzens strahlt aus auch auf andere. Ich finde sie immer bei Menschen, bei denen das Leben einfach gelungen ist. Wahre Lebensfreude ist nicht erst am Ende des Weges oder des Lebens möglich. Es gibt Menschen, die schon sehr früh so weit sind, und andere, die sich diese Haltung im Lauf eines Lebens erwerben …

Wir dürfen uns selber gut sein und sollen es auch anderen gegenüber sein. Wenn ich glaube, angenommen und geliebt zu sein, brauche ich nicht krampfhaft nach Selbstfindung zu suchen, um mich selber annehmen zu können. Viele, die von ihren Eltern nicht genügend Zuwendung bekommen haben, suchen lebenslang nach sich selbst. Ein normal aufgewachsenes Kind braucht sich selbst nicht erst zu finden. Es weiß, wer es ist. Dem haben die Mutter, die Geschwister und der Vater das nötige Selbstbewusstsein mitgegeben. Natürlich brauchen wir auch später das, was in einer Ehe sehr schön zum Tragen kommt, wenn der Mann seine Frau stützt und ihr sagt, wie schön sie ist und wie er sich freut über alles. Und umgekehrt, wenn die Frau in einer kritischen Situation ihrem Mann sagt, jetz lass den Kopf nicht so hängen, an dieser Sache hängt es nicht, auch wenn es mal schiefgegangen ist. Das sind die emotionalen Streicheleinheiten, die wir uns gegenseitig gönnen sollten, weil sie gut tun und zur seelischen Gesundheit gehören …

Lebensfreude besteht darin, das Leben so zu nehmen, wie es ist. Das Leben ist nun einmal begrenzt. Der Mensch ist nun einmal unvollkommen. Humor ist die angemessene Haltung. „Life is too important to be taken seriously“, hat *Oscar Wilde* gesagt. Ich schmunzle über die kleinen Unvollkommenheiten des Lebens aus einer gewissen Distanz heraus und habe keine Lust, jemanden zu verurteilen, der meinen Maßstäben nicht entspricht. Im Grunde sehnen sich alle nach einer solchen Gelassenheit. Wer will schon ständig unter einem Vollkommenheitsdruck leben? … Eine Konsequenz aus dieser Einsicht: Sich bewusst Zeit nehmen für etwas, das Freude macht – das kann sich jeder vornehmen. Ich selbst versuche, danach zu leben. Vor kurzem habe ich mit meiner Band in Benediktbeuern einen Auftritt mit der Rockgruppe „Deep Purple“ gehabt. Für so etwas nehme ich mir Zeit. Auch wenn einige, die sie nicht kennen und auch nicht verstehen, meinen, Rockmusik sei Musik des Teufels … Wir alle sind zur Freude geobren. Und wir sollten uns die Freude gönnen. Die Jugendlichen, die diese Musik lieben und in ihr aufgehen, ebenso wie alle anderen, Junge und Alte nicht anders als die Mönche im Kloster.

## Ein glücklicher Mensch

*Phil Bosmans*

Kennst du die Formel vom Glück? Sie ist nicht zu kaufen, sonst wären alle Reichen glücklich. Sie ist nicht im Handel, und man kann sie auch nicht wie eine Pille oder ein Pulver einnehmen. Für alles in unserer Welt haben wir eine Formel gefunden, außer für das Glück. Wäre sie auf Knopfdruck zu bekommen, dann würden wir sie schon längst haben.

Die Formel des Glücks kommt allein aus dem Herzen. Aber nur aus einem Herzen, das gegen alles Gewohnte einfach und ehrlich ist, gütig und den Frieden liebend, das nicht immer fordert, aber immer bereit ist zu geben. Geh mal in dein eigenes Herz und schau nach, was dort deinem Glück im Wege steht.

Glück ist unbezahlbar. Glück kann man nicht kaufen. Zum Glück! Geld ist notwendig, um menschenwürdig zu leben. Aber Geld kann uns nicht glücklich machen, ja es kann zum größten Hindernis für unser Glück werden. Wer glücklich werden möchte, muss einen Preis bezahlen.

Der Preis für unser Glück ist: Wir müssen uns selbst geben. Nicht mehr und nicht weniger. Sich selbst geben darf nicht aus verkapptem Geltungsbedürfnis geschehen oder als verkrampfte Selbstaufopferung. Sich selbst geben geht nur in Freiheit, möglichst mit Freude und immer aus Liebe. Und dann ist auf einmal mein Glück da: als Schatten meiner Liebe.

Ein glücklicher Mensch ist mit sich im Reinen, und so kann er Frieden verbreiten bei den Menschen, unter denen er lebt.

Er sieht Menschen gern, denn er hat gute Augen für die guten Seiten der anderen. Ein glücklicher Mensch ist weder in seine Probleme noch in seine Illusionen verliebt.

Er denkt nicht, Glück sei wie das große Los in der Lotterie, sondern er weiß: Glück ist wie ein Schatten, der dir folgt, wenn du nicht daran denkst. Glück ist wie ein Echo, das dir antwortet, wenn du dich selbst gibst.

Ein glücklicher Mensch ist niemals ein gefährlicher Mensch. Er weiß: Glück besteht aus vielen Teilen, und ein Teil ist immer zu kurz. Aber er starrt nicht auf das, was ihm fehlt, sondern freut sich über das, was er hat.

## Der Ring des Glücks

*Joan Chittister*

Zum ersten Mal in der Geschichte der Menschheit wird Glück als Konsumgut betrachtet. In der westlichen Welt wird es in Werbeanzeigen angepriesen, von Ärzten versprochen, in Psycho- und Persönlichkeitstests bewertet, von Pharmaziekonzernen verkauft und von Forschern studiert. Doch alles, was wir bisher herausgefunden haben, ist, dass wir Glück nicht mit Geld erwerben können …

Vielleicht sind es aber auch überhöhte Erwartungen, die wirtschaftliches Wohlergehen relativieren und Glück zu einer Illusion machen. Vielleicht geben die Menschen an, weniger glücklich zu sein, weil das, was sie erreichen, nicht ihren Erwartungen entspricht. Es kann jedoch auch heißen, dass die finanziellen Verhältnisse sich stetig bessern können, ohne aber die Menschen glücklicher zu machen. Wenn sie zwar mehr bekommen, aber weniger als sie erwarten, wollen oder brauchen, um die Menschen in ihrer Umgebung zu übertreffen, sind sie tragischerweise trotzdem nicht zufrieden mit dem, was sie haben, egal wie viel es ist …

Besitz und Glück werden zu Synonymen, obwohl sie eigentlich gar nichts miteinander zu tun haben. In einer konsumorientierten, kapitalistischen Welt gibt es allerdings keine Hinweisschilder, die den Verbraucher davor warnen, die beiden miteinander zu verwechseln. Das Gegenteil ist der Fall. Wir strengen uns an, eine Verbindung zwischen den beiden herzustellen, ganz gleich, wie falsch und irreführend es auch sein mag. Diese Verknüpfungen sind überall zu finden: Werbemacher schaffen scheinbare Bedürfnisse, um den Konsum anzukurbeln, der den Kapitalismus am Leben hält. Und trotzdem scheint es nicht zu wirken, zumindest nicht, wenn Glück versprochen wird …

Was ist dann Glück? Diese Frage bewegt die Menschheit schon seit Ewigkeiten. Was kann die Spiritualität zur Klärung dieser Frage beitragen, nachdem die Welt es mit Reichtum versucht hat und damit gescheitert ist? Die *Sufis* erzählen eine Geschichte, die in dieser oder jener Gestalt im Gedankengut einer jeden spirituellen Tradition der Welt zu finden ist:

„Es war einmal ein mächtiger König, der über viele Länder herrschte. Er war selbst so weise, dass er seine Hofgelehrten für gewöhnlich nicht zu Rate ziehen musste. Doch eines Tages wurde er von einer solch großen Unruhe erfasst, dass er die Gelehrten zu sich rief, um sie um Hilfe zu bitten.

Er sprach zu ihnen: Ich weiß nicht warum, aber ich spüre das unbändige Begehren nach einem Ring, der mir dabei hilft, die Kontrolle über meinen Staat zu behalten. Ich muss diesen Ring unbedingt haben. Er muss so beschaffen sein, dass er mich glücklich stimmt, wenn ich traurig bin – und traurig, wenn ich glücklich bin.

Die Weisen zogen sich zur Beratung zurück. Sie versanken in tiefes Nachdenken. Schließlich hatten sie die Lösung gefunden und wussten, wie der Ring beschaffen sein musste, um ihrem König zu helfen. Der Ring, den sie dem König überreichten, trug die Inschrift: AUCH DAS WIRD VERGEHEN."

Diese Geschichte lässt jeden von uns innehalten. Was ich jetzt habe, werde ich irgendwann nicht mehr haben. Was mich heute quält, wird irgendwann aufhören und mich auch in Zukunft nicht mehr quälen. Wenn ich also die guten und schlechten, die erheiternden und Furcht einflößenden, die berauschenden und tragischen Dinge meiner Welt in offenen Händen halte, gibt es nichts, was mich je zerstören könnte. Wir dürfen nicht zulassen, dass übermäßiger Reichtum oder unbefriedigtes Begehren zur Bürde wird, die wir bis ans Ende unseres Lebens mit uns herumschleppen. Das Glück kommt, wenn wir es loslassen.

Wir alle sind Geizhälse. Wir versuchen, das festzuhalten, was wir haben. Und was wir nicht haben, wollen wir um jeden Preis kriegen. Wenn wir etwas tun, das uns Spaß macht, versuchen wir unser Recht darauf zu konservieren. Wie ein Hamster in einem Laufrad wollen wir immer auf dem gleichen Fleck laufen, auch wenn die Welt um uns sich längst schon weitergedreht hat ... Wir versuchen Dinge, die wir in der Vergangenheit errungen haben, für immer festzuhalten, und verpassen so die Chancen, die uns die Gegenwart bietet. Wir weigern uns weiterzugehen und ketten uns damit selbst an der Vergangenheit fest. Wir verlieren den Bezug zum Jetzt und werden zu Überbleibseln längst vergangener Zeiten.

Der einzige Weg zum Glück, so lehrt uns die Geschichte vom Ring des Königs, führt über die Erkenntnis, dass der gegenwärtige Zustand schon längst wieder vorüber ist. Kein noch so tiefer Schmerz, keine Aufregung, keine Freude, kein Ärger, kein Rausch und kein Leid der Welt kann ewig dauern. Um glücklich zu werden, müssen wir dies begreifen: „Auch das wird vergehen."

Morgen ist ein neuer Tag, um zu leben und zu genießen, um zu erdulden und zu überstehen, um loszulassen und weiterzugehen. All das, was wir nicht unter Kontrolle halten oder vermeiden wollen, kann uns nicht unglücklich machen.

Wenn die Frage lautet: Was ist Glück?, so muss die Antwort heißen: Glück ist die Fähigkeit, jeden Tag, jede Phase, jede Stufe des Lebens in dem Bewusstsein zu leben, dass sie nicht für immer uns gehören wird, und das alles genauso ist, wie es sein muss, damit wir wachsen und leben, leben und wachsen können.

## Lebensspuren

*Ylva Eggehorn*

*Als Jered 162 Jahre alt war, wurde er Vater von Henoch … Als Henoch 65 war, wurde er Vater von Metuschelach. Nach der Geburt von Metuschelach lebte Henoch 300 Jahre und bekam Söhne und Töchter. Henoch lebte in Gemeinschaft mit Gott. Dann war er nicht mehr da, denn Gott hatte ihn fortgenommen.* ✍ *Genesis 5,24*

Nach der Erzählung der Bibel wurde Henoch in der siebten Generation nach Adam geboren. Dieser Mann scheint auf keine Art ein Vorbild in unserer Zeit zu sein – weder für Männer noch für Frauen! Aber er ist so unglaublich und überraschend, dass ich dieser kleinen Erzählung über ihn nicht widerstehen kann …

Die Bibel nimmt es sehr genau mit Ahnentafeln. Man soll wissen, woher man kommt und wohin man auf dem Weg ist. *No man is an island* – kein Mensch ist eine Insel, das ist in den biblischen Texten so selbstverständlich, dass man es nicht einmal erwähnen muss. Wir erkennen, dass die Welt ganz neu und frisch ist, als Henoch sie betritt. Es gibt noch viel zu erforschen: wie man Werkzeug anfertigt, Getreide anbaut und mit Waffen umgeht. Man beginnt die ersten Häuser zu bauen, aber längst noch nicht mit Sonnendeck und Veranda.

„Nach der Geburt von Metuschelach lebte Henoch 300 Jahre und bekam Söhne und Töchter. Henoch lebte in Gemeinschaft mit Gott. Dann war er nicht mehr da, denn Gott hatte ihn fortgenommen." Der Name Henoch bedeutet „trainiert" oder „hingegeben" oder vermutlich eine Mischung von beidem. Vielleicht könnten wir ihn als „treibende Kraft" bezeichnen oder als jemanden, der genau weiß, was er will. Er lebte 300 Jahre in Gemeinschaft mit Gott, steht geschrieben. Mit anderen Worten: lange. Mehr wird nicht berichtet. Beerdigung, Festrede und Gedenkstein fehlen. „Gott hatte ihn fortgenommen.“ Er verschwand einfach in der dreihundertjährigen Hingabe, so wie Frostnebel auf dem Feld an einem Aprilmorgen im Sonnenschein fortschwebt.

Welch unglaubliche Provokation für uns, die wir glauben, dass ein Mann doch Spuren hinterlassen sollte!

Was arbeitete Henoch? Ich weiß es nicht. Darüber sagt der kurze Text nichts. Vielleicht hat er gar nicht gearbeitet. Machte er Karriere? Nein. Tat er etwas Großes? Wohl kaum! Hat er wenigstens gejagt? So wie Nimrod, der gewaltige Jäger? Kein Wort wird darüber gesagt. Nicht einmal etwas über kriegerische Taten. Er scheint keinen einzigen Menschen besiegt und erst recht keine Stadt eingenommen zu haben. Offenbar geschah nichts, was besonders bemerkenswert war.

Wie steht's mit Frauen? Nun ja, er scheint immerhin aus Fleisch und Blut gewesen zu sein. Die kurze Chronik zeigt, dass er sowohl Söhne als auch Töchter bekam …

Aber hinterließ Henoch nicht etwas Monumentaleres als Kinder? Erbaute er etwas? Nicht einmal eine Mauer oder ein Brunnen werden hier erwähnt … Wenn ich in der S-Bahn sitze, höre ich gern Gesprächen zu wie diesem, als zwei Männer sich zueinander wandten und einer sagte: „Ich habe jetzt angefangen, am Haus zu arbeiten. Es wird eine Veranda.“ Die Augen der beiden glänzten, als sie von Bauholz und Schrauben sprachen, zwei mal vier Zoll müssen es mindestens sein. Und sie diskutierten darüber, wie das Holz imprägniert werden muss und das Dach abgedichtet werden sollte. Ich kann mich über so ein „Bauglück“ freuen. Noch nie habe ich zwei Frauen erlebt, die in der S-Bahn über etwas Ähnliches sprachen. Geschlechterrolle, kulturelle Tradition oder Biologie? Ich weiß es nicht. Niemand hindert uns Frauen daran zu bauen, doch ich stelle fest, dass wir es selten tun.

Henoch baute nichts. Nicht einmal eine Veranda. Er baute keinen Brunnen. Keine Arche, keinen Turm zu Babel und keine Mauer um eine Stadt. Es wird nicht einmal behauptet, dass er einen Altar baute. Und das ist wirklich eigentümlich! Eine provozierende Abwesenheit von allem, was einen Menschen zum Mann macht und was wert wäre, in einer kurzen Aufzählung von Vätern erwähnt zu werden. Es gibt keinen räumlichen Abdruck seines Lebens, nicht einmal einen religiösen. Nur diese ungreifbare, verblassende Fußspur in einem alten Text: „Henoch lebte in Gemeinschaft mit Gott."

Soll das etwas sein? Ist das nicht eher etwas für alte Weiber? Von so einem sind keine Steuereinnahmen zu erwarten. Die Frau (oder Frauen) hätten eher Kummer mit so einem Mann. Was würde oder würden sie antworten auf die Frage: „Und was macht dein Mann?" Henoch löst sich mitten in dieser Erzählung in Luft auf. Außer Söhnen und Töchtern hinterlässt er keine Spuren in der Geschichte. Es ist nutzlos, nach seinem Grab oder irgendwelchen Erinnerungsstücken zu suchen – eines Tages, so sagt die Erzählung, schneidet er das dünne Häutchen durch, das die sichtbare Welt von der unsichtbaren trennt, und geht direkt ins Licht, so wie Krümel und Jonathan in *Astrid Lindgrens* Erzählung „Die Brüder Löwenherz". Könnte man in unserer Zeit so einen Mann ertragen?

Der kurze Text über Henoch sagt das Wichtigste mit nur wenigen Zeilen: Das Leben eines Mann kann auch dann vollständig sein, wenn er nichts erschaffen hat, was in unseren Augen „Bestand" hat. Er ist es wert, in der Erinnerung zu bleiben, auch wenn er nicht einmal eine Veranda gebaut hat. Weil sein ganzes Leben Gemeinschaft mit Gott war.

Es sieht so aus, dass es Gott wohl einfach gefallen hat, dass Henoch da war. Wie viele Männer haben einfach Gefallen daran, dass es sie gibt?

## Das wahre Glück

*Richard Rohr*

In der amerikanischen Unabhängigkeitserklärung heißt es, jeder Mensch habe ein „unveräußerliches Recht“ auf das Streben nach Glück. Gott habe uns erschaffen, um „in dieser Welt und in der nächsten“ glücklich zu sein, und Jesus sagt an verschiedenen Stellen das Gleiche. Er betont allerdings – und darin wird der Unterschied beider Glücksvorstellungen deutlich –, dass ein Glück, das vom Leben eingefordert wird, niemals wirklich glücklich macht, weil das Streben danach zu narzisstisch und ichbezogen ist. Die „Freude, die die Welt nicht geben kann“, kommt immer als Geschenk zu denjenigen, die auf sie warten, für sie offen sind und ihr in ihrem Inneren Raum schaffen. Die eine Vorstellung von Glück meint Selbstbehauptung, die andere Selbsthingabe. Dort greift man nach der Freude, hier empfängt man sie. Das sind zwei völlig unterschiedliche Dynamiken im Menschen. Einen Schmetterling fange ich nicht, indem ich ihn jage, sondern ich verhalte mich still, und vielleicht setzt er sich auf meine Schulter. Er entscheidet sich für mich. Das ist das wahre Glück.

Wenn wir losziehen, um unser ganz privates Glück zu machen, steht am Ende oft ein selbst geschaffener Götze, der eines Tages stürzen wird… Das Glück für sich selbst sichern zu wollen ist nur möglich, wenn wir uns zu einem gewissen Grad gegen die Realität abschotten und die Solidarität mit der „anderen Seite“ der Dinge aufkündigen, auch mit der anderen Seite unserer selbst. Beide Seiten des Lebens sind gute und notwendige Lehrmeister; mehr noch: aus unserem Scheitern und unseren Fehlern lernen wir mehr als aus unseren Erfolgen.

# 2

## Die Kraft des Vertrauens

Freundschaft gibt dem Leben Glanz

*Wenn einer den Nächsten mit reinem und großmütigem Herzen liebt, so heißt dies, dass er wahrhaftig Gott kennt. Wenn jemand hingegen sagt, dass er Glauben hat, seine Brüder jedoch nicht liebt, so ist er kein wahrer Gläubiger. Gott wohnt nicht in ihm.*

*Benedikt XVI.*

## Freundschaft

*Phil Bosmans*

Du kannst alles aushalten, wenn ein Freund an deiner Seite steht, auch wenn er auch nichts weiter tun kann als ein Wort sagen oder eine Hand hinhalten. Ein Freund in deinem Leben ist wie Stück Brot oder ein Glas Wein: Freundschaft stärkt und tut gut.

Einen Freund zu haben tröstet, wenn in deinem Leben gerade alles schief geht. Einen Freund zu haben lässt dich an das Gute im Menschen glauben, ein Zeichen göttlicher Güte.

Wenn Menschen Lebensmut verlieren, kommen Therapeuten allein nicht durch. Mit Medikamenten allein ist es nicht zu schaffen. Ganz einfache menschliche Zuwendung und Güte, darauf kommt es an, dass ein Mensch wieder Halt und Hoffnung findet.

Wer den anderen wie eine Sache besitzen will, für sich allein, richtet zugrunde, den er zu lieben behauptet. Er zerstört die Freundschaft. Freundschaft will den anderen nicht besitzen, sie will ihn frei lassen. Zu einer ganz lauteren Freundschaft ist keiner einfach so imstande, aber immer muss man auf dem Weg dahin sein.

*Freundschaft ist eine Gestalt der Liebe.*
*Eine Liebe, die zum Licht führt,*
*zu innerem Frieden, zu einer tiefen Freude.*

## Liebe Zeilen

*Christa Spilling-Nöker*

*Wer wirklich liebt,*
*fragt nicht nach dem,*
*was er bekommt und womöglich noch,*
*ob es auch genug ist,*
*sondern nach dem,*
*was dem anderen gut tut.*

Liebe ist immer ein Geschenk. Man kann noch lange um eines Menschen Gunst werben, noch so viel für ihn tun, ob die eigenen Gefühle erwidert werden, gehört zu dem, was nicht machbar ist in dieser Welt. Wenn einem aber das Geschenk der Liebe zuteil wird, dann obliegt es einem zugleich, damit ebenso behutsam umzugehen wie mit dem Geschenk des eigenen Lebens.

Denn die Liebe eines anderen Menschen kann man sich nicht als Besitz gleichsam unter das Kopfkissen legen, um sich darauf auszuruhen in der Meinung: „Nun habe ich ihn ja." Das Geschenk der Liebe will behutsam gepflegt werden wie eine Pflanze, damit es blühen, wachsen und Frucht bringen und darin lebendig bleiben kann.

Wenn Partner heutzutage für eine Weile getrennt sind, wird schnell zum Handy gegriffen, um einander mitzuteilen, was man erlebt hat und sich gegenseitig, vor allem in den ersten, leidenschaftlichen Monaten der Beziehung, seine Liebe und seine Sehnsucht nach dem anderen zu versichern. Das ist auch gut so.

Noch schöner aber wäre es vielleicht, sich gelegentlich der alten Sitte zu bedienen, dem anderen – mit der Hand – einen Liebesbrief zu schreiben. Dabei will die Poesie des eigenen Herzens wachgerufen werden, denn beim schriftlichen Formulieren eines Textes muss man sich ja jedes Wort viel genauer überlegen, als wenn man es in flüchtiger Form am Telefon sagt.

Und der Empfänger kann den Brief den ganzen Tag mit sich herum tragen, ihn dann und wann in stillen Augenblicken entfalten und sich auch vor dem Schlafengehen noch einmal an den zärtlichen Gedanken des geliebten Menschen wärmen.

*Liebende sind wie Engel,*
*sie ahnen im Licht ihrer Liebe*
*etwas von der schwebenden Leichtigkeit*
*und dem Glanz einer heilvollen*
*und gesegneten Welt.*

## Ein Freund, ein guter Freund …

*Margot Käßmann*

In der Mitte des Lebens lernen wir, alte Freundschaften besonders zu schätzen. Da sind Menschen Wegstrecken mit uns gegangen, die kennen uns in unterschiedlichen Konstellationen, wir vertrauen ihnen. Es ist in diesem Alter ja gar nicht so einfach, neue Freundschaften wachsen zu lassen. Und deshalb ist es ein besonderes Glücksgefühl, eine tiefe innere Freude, wenn spürbar wird: Da keimt eine neue Beziehung heran, was zwischen uns wächst, könnte ein neues Vertrauensverhältnis werden. Ich habe das in den letzten Jahren immer wieder erlebt und sehe solche Freundschaften als besonderes Geschenk an. Gerade, weil das Alleinsein und die Einsamkeit in der Mitte des Lebens ein zentrales Thema sind …, ist mir deutlich, wie wichtig Freundschaft ist …

In der Bibel sind als reine Frauenfreundschaften Noomi mit ihrer Schwiegertochter Ruth zu nennen und Elisabeth und ihre Cousine Maria, die beide gleichzeitig schwanger sind mit ihren Söhnen Johannes und Jesus und sich in dieser Zeit der Erwartung austauschen. Aber da sind eben auch die Frauen, die gemeinsam am frühen Morgen losgehen, um den toten Jesus zu salben. Sie gehen zusammen. Sie haben davor den Sabbat der Trauer und der Angst, den Freitag der Hinrichtung und des Grauens miteinander erlebt. Und ich kann mir vorstellen, dass sie sich gegenseitig Mut gemacht haben: Doch, wir müssen ihn salben. Wir können ihn doch nicht ungesalbt daliegen und verrotten lassen! Das ist unsere Aufgabe, wir haben ihn schließlich alle gemeinsam die letzten Jahre begleitet. Und so gehen sie: mutige Frauen, denn Angehörige und Unterstützer von Gekreuzigten konnten nach römischem Recht selbst zum Kreuzestod verurteilt werden, da gab es keine Schonung für Frauen.

Diese Frauen, die sich gegenseitig ermutigen, die ihren Weg, der nicht leicht ist, in Freundschaft gehen und angesichts einer gemeinsamen Aufgabe: Das ist ein schönes Bild für Frauen in der Mitte des Lebens, die angstfreier werden und weniger miteinander konkurrieren. Mir wird Freundschaft immer wichtiger. Hat sich eine Freundschaft früher eher nebenher eingestellt, so sind Freundschaften heute für mich essenziell, sie tragen und halten mich besonders in Krisenzeiten. Es gibt dieses unnachahmliche Lied, das die *Comedian Harmonists* sangen und auch *Heinz Rühmann* in dem Film „Die Drei von der Tankstelle" 1930:

*Ein Freund, ein guter Freund,*
*das ist das Schönste, was es gibt auf der Welt!*
*Ein Freund bleibt immer Freund,*
*und wenn die ganze Welt zusammenfällt.*
*Drum sei auch nicht betrübt,*
*wenn dein Schatz dich nicht mehr liebt:*
*ein Freund, ein guter Freund,*
*das ist das Beste, was es gibt!*

Das gilt sicher auch heute und natürlich auch für eine Freundin. Denn eine Freundin, ein Freund sind auch die Ersten, die bei Liebeskummer, Eheproblemen, eigener Verzagtheit, tiefen Lebensfragen, beruflichen Weichenstellungen gefragt und gehört werden. Ich habe Freundinnen erlebt, die mir in den schwersten Zeiten meines Lebens zur Seite gestanden haben wie Felsen in der Brandung. Und ich habe erlebt, wie ich selbst für Freundinnen in schwierigster Lage solche „Felsenfunktion" übernehmen konnte. Wirkliche Freundschaft ist nie einseitig belastet, sondern gleicht sich aus im Geben und Nehmen über die Jahre.

In der Mitte des Lebens gilt es deshalb, die Freundschaft zu pflegen, einander zu begleiten und gemeinsame Pläne zu schmieden …

Zeit zu investieren ist wichtig, gemeinsame Zeiten planen, Feste feiern, zusammen eine Ausstellung besuchen, einen Kurzurlaub miteinander verbringen. Wir müssen oft aufholen und einander auf den Stand bringen, was sich im Leben ereignet – oft bleibt im Alltag gar keine Zeit, das zu erzählen. Freundschaften brauchen Hege und Pflege. Je älter wir werden, desto besser begreifen wir das. Desto mehr wissen wir wirkliche Freundschaften auch zu schätzen und was wir aneinander haben. Das kann in so mancher Lebensphase weit tragen.

*Es gibt kaum ein beglückenderes Gefühl, als zu spüren, daß man für andere Menschen etwas sein kann. Dabei kommt es garnicht auf die Zahl, sondern auf die Intensität an… Gott selbst läßt sich uns im Menschlichen dienen.*

Dietrich Bonhoeffer

## Lebe mit Herz und Seele

*Dietrich Grönemeyer*

Die Suche nach Glück verbindert uns in einer gemeinsamen Ausrichtung. Und bei aller Verschiedenheit unserer Herkunft, unserer Erfahrungen, unserer Prägung ist das, was wir suchen, auch das, was uns auf den Weg bringt. Der gemeinsame Weg ist es, der uns verbindet – auf der seelischen Ebene. Wir versuchen das Leid zu vermeiden und das Glück zu erlangen. Dieses Ziel bestimmt uns, unausgesprochen oder ausdrücklich, in dem, was wir jetzt tun, in diesem Moment unserer Lebens.

Kein Mensch kann sich ohne liebende Zuwendung richtig entwickeln, weder geistig noch körperlich. Liebe gehört von Anfang an zu unserem Leben, und das Bedürfnis nach ihr begleitet unser ganzes Leben. Das uneigennützige, nicht berechnende liebevolle Geben entzieht sich jedem Geldwertdenken. „Liebe den anderen wie dich selbst!" Damit ist auch die Urform geschwisterlicher Existenz beschrieben. Geschwisterlichkeit leben, das heißt in diesem Sinn: Ich sehe nicht nur mich, sondern auch den anderen. Dieser gleichzeitige Bezug – auf mich selbst und auf den anderen – ist vielen Religionen und Kulturen gemeinsam: sich selbst zu lieben und aus der Selbstliebe heraus die Liebe zum Bruder oder zur Schwester zu entwickeln. Das Bewusstsein „wie ich selbst" wird übertragen auf alle Menschen. Der Kern dieses Bewusstseins ist wieder: Wir sind sind alle gleich und trotzdem einzigartig. Unsere je eigenen Fähigkeiten und unsere Besonderheiten als spirituelle Wesen machen uns so unverwechselbar.

## Wie Miteinander gelingen kann

*Anselm Grün*

Unser Leben spielt sich im Miteinander ab, im Miteinander der Nachbarschaft, der Firma, in der wir arbeiten, der Pfarrei oder der Gemeinde, in der wir uns engagieren, und in den vielen Kontakten, die wir täglich haben. Im Umgang mit den anderen werden wir konfrontiert mit den eigenen Gefühlen und Lebensmustern. Im Gespräch mit einem Mann, der laut redet, erinnern wir uns an den Vater, vor dem wir Angst hatten, wenn er laut wurde. Und wir geraten dann ganz schnell in die Rolle des kleinen ängstlichen Mädchens oder des angepassten Jungen.

Viele ärgern sich, wenn sie im Umgang mit anderen Menschen ihre alten Lebensmuster erleben. Sie meinen, sie müssten doch mit fünfzig oder sechzig Jahren längst die Prägung der Kindheit hinter sich gelassen haben. Doch statt sich zu ärgern, sollten wir unsere Beziehung zu anderen Menschen als Chance nutzen, zu wachsen und uns unserer selbst immer bewusster zu werden. Die Begegnung mit anderen Menschen ist eine wichtige Quelle der Selbsterkenntnis und der persönlichen Reifung.

Ganz wesentlich ist: Wir müssen uns im Umgang miteinander von dem Zwang verabschieden, uns mit anderen zu vergleichen. Auch wenn wir uns nicht vergleichen möchten, werden solche Gedanken trotzdem in uns auftauchen. Dann wollen sie uns dazu einladen, bewusst Ja zu sagen zu uns selbst. Wir müssen nicht so sein wie die anderen. Wir sind wir selbst. Wir sind einmalig. Es geht nicht darum, besser oder stärker oder intelligenter zu sein oder besser auszusehen als die anderen. Es geht vielmehr darum, in Einklang mit uns selbst zu kommen. Wenn ich mit mir selber im Einklang bin, werde ich den anderen in aller Freiheit begegnen. Immer wenn ich mich unter Druck setze, ein ganz bestimmtes Bild abgeben zu müssen, wird das Miteinander anstrengend. Wenn wir uns erlauben, wir selbst zu sein, bekommt das Miteinander die Qualität von Freiheit und sie verbindet sich mit gegenseitigem Respekt. Wer seinen Wert in sich entdeckt, lässt auch dem anderen seinen Wert und kann sich daran freuen.

Wir können miteinander nur gut auskommen, wenn wir uns füreinander öffnen. Aber wir müssen uns auch gut abgrenzen. Es gibt Menschen, die keine Grenzen kennen. Sie zerfließen mit allen. Sie beziehen alles auf sich. Wenn sie im Bus fahren, haben sie den Eindruck, die beiden, die miteinander reden, würden über sie sprechen. Wenn zwei Menschen lachen, denken sie, sie würden über sie lachen. Wir neigen alle zu einer solchen Haltung: Wenn einer einen mürrischen Blick hat, glauben wir, er würde uns ablehnen oder unser Verhalten missbilligen. Alles beziehen wir auf uns.

Dabei steht fest: Wir brauchen Grenzen, um den anderen gut begegnen zu können, ohne uns zu verausgaben und ohne uns von ihnen vereinnahmen zu lassen. Aber viele haben Angst, Nein zu sagen. Sie glauben, sie würden andere verletzen. Doch ein klares Nein kann eine klare Beziehung schaffen. Der andere weiß, woran er ist. Nähe und Distanz, Sich-Abgrenzen und Sich-Öffnen, auf den anderen zugehen und sich zurückziehen, all das braucht eine gute Balance. Wenn uns diese Balance gelingt, dann werden wir das Miteinander als Bereicherung erleben.

## Dank an Freunde

*Willi Lambert*

Danke, dass du mich annimmst, wie ich bin.
Dass ich ohne Angst meine Schwächen vor dir zeigen kann.
Dass du mich mit meinen Fehlern annimmst.
Dass du mir zeigst, dass du mich magst.
Dass du hinter allem Missglückten in mir ein Kind Gottes siehst.

Danke, dass du mich verstehst.
Dass ich an deinen Reaktionen dein verständnisvolles Mitgefühl spüre.
Dass du mir wirklich zuhörst.
Dass du einfühlsame Verständnisfragen stellst.
Dass du mir hilfst, das Gesagte zu sortieren.
Dass du mir hilfst, mich selbst besser zu verstehen.

Danke, dass du mich ernst nimmst.
Dass du mich als erwachsenen Menschen behandelst.
Dass du echtes Interesse an mir zeigst.
Dass du dich nicht als den großen Retter aufspielst.
Dass du mich auch dir etwas geben lässt.

Danke, dass du mir vorurteilsfrei begegnest.
Dass du nicht alles automatisch in ein festes Bild von mir einordnest.
Dass du mich nicht unter Zeitdruck setzt.
Dass du so viel Geduld mit mir hast.
Dass du mich ein Geheimnis sein lässt.

Danke, dass du den Weg der Wahrheit mit mir gehst.
Dass du mich liebevoll an der Wahrheit hältst.
Dass du mich auf Fluchtversuche aufmerksam machst.
Dass du sagst, was du denkst und empfindest.
Dass du mir ein deutliches Feedback gibst.
Dass du mich hoffen lässt und ehrlich konfrontierst.

Danke, dass du du bist.
Dass du mitfühlst, aber nicht unter meiner Last zusammenbrichst.
Dass du nicht bloßes Echo, sondern ein Gegenüber bist.
Dass du auch auf dich selbst und deine Grenzen und Bedürfnisse achtest.

Danke, dass du mir Mut machst.
Dass du mich gut berätst.
Dass du mir rätst, ohne mir Rat-Schläge zu verpassen.
Dass du mir rätst, ohne dich als allwissend aufzuspielen oder nur von deinen Erfahrungen und Lösungen zu erzählen.

Danke, dass du mir vertrauen hilfst.
Dass du ein Mensch des Glaubens bist.
Dass du mich mit deinem Beten hältst.
Dass du mir beten hilfst.
Dass du mir hilfst, den Raum für Gott offen zu halten.

## Ich habe Zeit für dich

*Notker Wolf*

Zuwendung ist das Entscheidende, wenn man miteinander wirklich im Gespräch ist. Gespräch ist miteinander verbrachte Zeit. Man darf, wenn man mit jemandem zusammen ist, nicht irgendwo anders sein. Präsenz ist etwas, das mit allen Sinnen passiert. Darin liegt auch der Sinn: dass ich ganz *da* bin. Es ist kein Raum mehr für anderes. Das und nichts anderes meint: *Zuwendung* …

Sich dem anderen unabgelenkt zuzuwenden ist ein Akt der Höflichkeit, aber doch noch mehr und auch noch etwas anderes: Es hat auch eine spirituelle Komponente und einen Ernst jenseits der Konvention … Es gibt diese intensiven Momente, in denen man so sehr beim anderen oder bei einer Sache ist, dass man die Zeit vergisst und das Gefühl hat, sie stünde still. Man ist einfach gegenwärtig. „Ewigkeit ist, wenn es nicht mehr an Gegenwart fehlt." Besser als der Philosoph *Boethius* kann man es nicht sagen.

Wenn ich einen Menschen wirklich liebe, dann kann es dennoch sein, dass mich gleichzeitig irgendwelche anderen Sorgen bedrücken oder ein Termindruck über allem schwebt. Aber wenn dieser Mensch bei mir ist, dann zählt nichts anderes. Alles Übrige muss dann jetzt stehen bleiben. Wenn ich nicht diese Einstellung mitbringe, darf ich mich dem anderen nicht zuwenden. Halbe Zuwendung geht nicht.

Dem anderen Menschen Zeit schenken heißt, ihn wirklich ernst zu nehmen. Das ist nicht die Knigge-Höflichkeit in dem Sinne, dass ich nicht aus dem gesellschaftlichen Rahmen falle. Bei konventioneller Höflichkeit oder im Rahmen einer gesellschaftlichen Konversation kann es immer einmal passieren, dass ich Themen ausspare, die an sich wichtig wären. Bei einem echten Gespräch dagegen steht immer die Wahrheitsfrage im Raum. Da geht es auch um die Frage nach meiner eigenen Wahrhaftigkeit. Ich darf mein Gegenüber natürlich mit der Wahrheit nie erschlagen. Aber wenn ich ihm die Wahrheit vorenthalte, dann nehme ich ihn nicht ernst, dann traue ich ihm nichts zhu. Die Wahrheit auszusprechen gibt einem echten Gespräch Gewicht. Und ein solches Gespräch braucht den Raum des Vertrauens. Und das braucht Zeit.

Es gibt den Spruch: „Time is money“ (Zeit ist Geld). Ein Zeitforscher hat diesen Spruch umgewandelt und gesagt: „Time is honey“ (Zeit ist Honig). Zeit ist so wie Honig, wenn sie mit Menschen verbracht wird. Sie fließt dann langsamer, sie wird süß, sie ist ein Genuss. Zeit mit anderen Menschen zu haben ist in der Tat eine der schönsten Sachen, die ich mir vorstellen kann. Sich bei einem guten Essen und einem guten Glas Wein auszutauschen und zu erzählen. Wenn nichts auf dem Tisch steht ist es natürlich auch kein Problem. Es gilt sowieso: lieber nichts als ein schlechtes Essen ...

Ich kann zu einer Freundin, einem Freund nichts Schöneres sagen als: Du, lass die Zeit verstsreichen, wichtig bist *du.* In Büchners Komödie „Leonce und Lena“, einem Stück über die Liebe, heißt es: „Wir lassen alle Uhren zerschlagen, alle Kalender verbieten und zählen die Stunden und Monde nur noch nach der Blumenuhr, nur nach Blüte und Frucht.“ Nicht auf die Uhr zu schauen, sich nicht unter ein äußeres Diktat zu stellen, ist ein Symbol der Liebe. Eigentlich ist es aber auch ein Symbol der Zuwendung zu jedem Menschen.

## Nimm dir Zeit!

Nimm dir Zeit
für einen anderen Menschen,
der sich bei dir aussprechen möchte,
eine Stunde lang – oder auch zwei.

Nimm dir Zeit
für einen anderen Menschen,
der deiner tatkräftigen Unterstützung bedarf,
am Abend oder auch an Wochenenden.

Nimm dir Zeit
für einen anderen Menschen
denn deine Zeit gehört
nicht nur dir allein.

*Christa Spilling-Nöker*

## Sei sanft!

*Phil Bosmans*

Du weißt, wie klein, wie arm, wie einsam die Menschen sind, wie empfindlich und verletzlich. Du weißt, dass es Tränen gibt, und keiner kann trösten. Du weißt, es gibt kaum größere Traurigkeit als in einem Herzen, das keiner versteht. Du weißt, für manche Menschen ist das Leben einfach nur eine Qual.

Tu dein Bestes, um die Menschen zu begreifen, um zu helfen. Sei nicht hart, sei auch nicht hart in deinem Urteil. In der Sanftmut liegt viel Trost für Menschen in dieser frostigen Zeit.

Du begegnest einem alten Menschen. Seine Gesundheit ist verbraucht, die Rente zu klein, und er kann sich allein nicht mehr helfen.

Du siehst einen Menschen, der behindert ist, und nicht darüber hinwegkommt, oder schwerkrank, ohne Hoffnung auf Heilung, vor lauter Schmerzen möchte er weinen.

Du triffst einen Menschen, der verzweifelt ist über das, was er angerichtet hat oder was ihm angetan wurde, der keinen Ausweg mehr sieht und und in dem nur noch Nacht ist.

Du weißt nicht, was du tun sollst. Suche nicht nach großen Worten. Eine kleine Geste genügt. Sei sanft! Dann wirst du selbst glücklich sein. Du wirst ein Herz haben, das alle Menschen in die Arme schließt.

# 3

## Das Glück des Alltags

Der wichtigste Tag deines Lebens ist heute

*Die Liebe ist wirklich die Summe von Gesetz und Propheten. Alles ist in ihr „eingefaltet", muss aber im Alltag immer neu entfaltet werden.* ✍ *Benedikt XVI.*

## Ich bin verliebt in alltägliche Dinge

*Phil Bosmans*

Ich bin verliebt in einfache Dinge. Verliebt sein ist ein wunderbares Gefühl. Der Frühling im Herzen. Alles wird anders, alles fängt an, in den schönsten Farben zu leuchten.

Ich bin verliebt in einfache, alltägliche Dinge: eine offene Tür, ein gastlicher Tisch, ein herzlicher Händedruck, ein freundliches Lächeln, das Aufblühen einer Blume, das Zwitschern eines Vogels, die Wolken, der Bach und der Berg und der Sonnenschein.

Die kleinen Dinge machen mein Leben zu einem Fest, auf das ich mich jeden Tag freuen kann. Es ist wie die Liebe im Frühling.

*Checkliste fürs Glück*
Wandern in der freien Natur.
Essen, wenn man Hunger hat.
Schlafen, wenn man müde ist.
Radfahren und im Garten arbeiten.
Sprechen mit den Pflanzen.
Pfeifen mit den Vögeln.
Du bekommst neue Augen
für die Wunder um dich herum.
Du wirst weniger verbrauchen,
aber mehr und bewusster genießen.
Ein Butterbrot schmeckt wunderbar.
Ein Glas frisches Wasser kann ein Fest sein.

*Mit wenig zufrieden sein und viel genießen*
*ist die Kunst und das Glück*
*von freien Menschen.*

## Glück ist heute

*Rainer Haak*

Es ist kaum zu fassen, aber ich falle immer wieder darauf herein: Da nehme ich mir vor, endlich ein dringendes Problem zu lösen, aber schweife sofort mit meinen Gedanken ab und komme gar nicht zum eigentlichen Kern der Sache. Da stehe ich an einem lauen Sommerabend am Meeresstrand, die Sonne geht langsam unter – und ich frage mich allen Ernstes, nach welchem System ich die Rechnungen für die Renovierung des Kellers abheften sollte. Ich sitze mit lieben Menschen gemütlich bei einem leckeren Essen zusammen – und denke nur an die Zeugnisse der Kinder. Ich mache einen Spaziergang durch den Park mit seinen wunderbaren alten Bäumen und herrlichen Blumenbeeten – und denke nur an den Arztbesuch am Nachmittag.

Ich falle immer wieder darauf herein. Statt bei der Sache zu sein, bei mir selbst oder dem Menschen neben mir, bin ich in meine vagabundierenden Gedanken abgetaucht, in die verklärte oder verfluchte Vergangenheit, in die schwere oder rosige Zukunft, in die Sorgen und Probleme.

Leben kann ich nur an einem einzigen Tag – heute. Ich kann nicht gestern leben und auch nicht übermorgen. Ich kann nicht in der Erinnerung leben und erst recht nicht irgendwann. Ich kann nur in diesem Augenblick leben, sonst befinde ich mich auf der Flucht vor dem Leben …

Wann habe ich heute gelebt? Ich schließe die Augen und suche nach Bildern. Da sehe ich, wie ich über mich selbst lachen konnte. Ich spüre wie vorhin den Wind auf meiner Haut. Ich bin froh und stolz, dass ich eine komplizierte Aufgabe gelöst habe. Ich denke an das offene, intensive Gespräch mit meinem Vorgesetzten. Und mir fällt ein, wie ich bei der herrlichen Musik alles andere um mich herum vergessen konnte.

Allerdings will ich das „Heute“ nicht auf die Spitze treiben. Ich will nicht so tun, als würde mein Leben erst heute beginnen. Ich will nicht versäumen, für die wichtige Prüfung zu lernen und rechtzeitig etwas Geld für die Zukunft zurückzulegen. Ich will mich auf die Aufgaben vorbereiten, die vor mir liegen. Aber ich höre auf, vor dem Leben wegzulaufen. Denn ich habe entschieden, dass heute der wichtigste Tag meines Lebens sein soll.

Heute lebe ich. Heute liebe ich das Leben. Heute lache und weine ich und spüre, wie lebendig ich bin.

*Meine Seele wünscht sich,*
*dass ich erkenne, wie kostbar und einmalig*
*jeder Augenblick meines Lebens ist.*

## Jeder Tag hat seine Plage

*Margot Käßmann*

Wenn Jesus in der Bergpredigt auf die Lilien auf dem Feld hinweist, an denen sich der Mensch ein Beispiel nehmen sollte, dann ja wohl, um die ewige Sorge des Menschen um den morgigen Tag infrage zu stellen. „Es genügt, dass jeder Tag seine eigene Plage hat", sagt er. Und das gefällt mir! Wie viele Sorgen machen sich die Menschen, um dies und um das, um Großes, aber wirklich auch um Kleinigkeiten.

Glück wahrnehmen heißt auch, sich am Kleinen freuen zu können, jetzt diese Muschel mitnehmen, die kleinen Narzissen im Garten kräftig gelb gegen das eklige Märzwetter anleuchten sehen, dem Eichhörnchen zuschauen, das durch den Garten hüpft. Ja, ich weiß: Kleinigkeiten. Vielleicht dann Größeres: unter der Dusche wissen, dass nahezu alle Frauen in Afrika mich um diesen Luxus beneiden – was für ein Glück, unter solchen Verhältnissen zu leben. Glück, dass ein Kind gesund aufwachsen kann. Glücklichsein ist vielleicht schlicht eine Haltung der Dankbarkeit, die nicht alles Gute selbstverständlich nimmt, sondern als Gottes Geschenk ansieht. In der Mitte des Lebens wird uns das immer bewusster. Und manchmal heißt Glück auch, etwas Verrücktes wagen, einmal aus der Reihe tanzen. Wie singt *Katie Melua:* „This is the closest thing to crazy I have ever been, feeling 22, acting 17" – das ist das Verrückteste, was ich je getan habe, fühlen wie 22, handeln wie 17. Auch das gibt es ja in der Mitte des Lebens, einmal ausbrechen, sich jung fühlen.

Ich selbst habe Glück empfunden nach der Krebserkrankung. Dieses Gefühl: Ich bin noch am Leben! Die Dankbarkeit, bewahrt worden zu sein, die war groß. Und ich habe durch die Krankheit eine Phase erlebt, in der ich zwei

Monate Zeit nur für mich hatte, Zeit zu mir selbst zurückzufinden. Ich konnte diese Zeit als geschenkte Zeit wahrnehmen. Als Zeit der Klärung. Wer bin ich? Lasse ich mich treiben von den Meinungen und Ansprüchen anderer? Wie will ich alt werden?

Heute habe ich die Balance wiedergefunden. Es hat ein paar Jahre gedauert, aber ich könnte heute wieder von mir sagen, dass ich glücklich bin. Auch das ist eine Erfahrung in der Mitte des Lebens: Du gehst durch tiefe Täler, aber du musst nicht unten bleiben, sondern du findest wieder einen Hügel, von dem aus du freien Blick über das Land hast.

## Die Lilien auf dem Feld

*Warum tragt ihr Sorge für eure Kleidung?*
*Schaut die Lilien auf dem Felde, wie sie wachsen …*

Die Schönheit des Lebens liegt nicht in den Hüllen, in die wir uns kleiden,
sondern darin, dass wir die Wüsten des Lebens ertragen,
ohne dessen Wunder aus den Augen zu verlieren.
Der Schmuck des Vaters für seine Töchter und Söhne
ist in die tiefsten Winkel ihrer Seele geschnitzt und gemalt.
Die winzigen Blumen auf dem Feld fordern nichts ein.
Sie blühen still. Aber ihr schweigendes Sein schmückt das Feld.
Ihr Leben ist kurz. Rasch blühen sie auf. Bald sind sie wieder verweht.
Doch was bleibt, ist ihr Duft – und er geht über das Land, das sie trug.

*Weifan Wang*

## Mitten im Alltag ein Stück Himmel

*Bärbel Wartenberg-Potter*

In der weiteren Umgebung von Lübeck, an der ehemaligen Zonengrenze, gibt es Naturreservate von großer Einsamkeit und Unberührtheit. Schöne Feldwege führen zwischen Raps- und Maisfeldern hindurch, darüber der wolkenbewegte Himmel. Weites Feld mit Ginster und Feldblumen wechselt mit Wäldchen und Talsenken, in denen sich Seen gesammelt haben. An einer Stelle ist im Frühjahr und Sommer eine kleine Schar von Lerchen zugange, die sich von den warmen Feldern in die Luft schwingen und dort ihr Lied singen. Das ist es, was Jesus in der Bergpredigt sagt: „Schaut auf die Vögel des Himmels: Sie säen nicht, sie ernten nicht und sammeln nicht in die Scheunen und euer himmlischer Vater ernährt sie doch."

Disteln, gelbkräftiger Beifuß, Brombeerbüsche, Schlehen, in blausäuerlicher Beerenpracht säumen im Herbst den Weg. Kornblumen und Haselzweige, Marienkäfer, Mistkäfer und Schmetterlinge, sie bringen die Leichtigkeit ins Sein. „Seht die Lilien auf dem Feld an, wie sie wachsen. Sie arbeiten nicht, auch spinnen sie nicht. Ich sage euch, dass auch Salomon in all seiner Herrlichkeit nicht gekleidet gewesen ist wie eine von ihnen."

Über all dem Zauber vergisst man die Sorgen des Tages, ist aufgehoben in der Sicherheit der Natur, die ihre wechselnde Fülle und Weite gewährt und im Wandel der Jahreszeiten sich treu bleibt. „Sorget euch nicht um euer Leben." Diese Worte fallen in die sorgengefüllten Tage, in das Sichsorgen als Grundhaltung menschlichen Lebens, die Aufgabenfülle, die Verantwortung, die Zukunftsangst und die Unwägbarkeiten des flüchtigen Augenblicks. In dieser Hinsicht sind wir alle, zumindest zeitweise, absolute „Heiden".

Ungläubige, die ohne das tiefe Vertrauen in Gott, in die *Heilige Ruach*, die Geistkraft und in die Freundlichkeit der Menschen leben. *Incurvatus in se*, in sich verkrümmt sind wir – der Blick geht nicht in die Weite, sieht nichts als das Nächstliegende, nicht die Kraft des Vertrauens, der Geduld, die Hilfsbereitschaft, das Gewogenseins des Himmels. Da werden wir Antworten finden, da wird es Wege geben, da werden sich Fäden entwirren, da wird das Glück sich nicht verflüchtigen.

*Count your blessings name them one by one and you will see, what your God has done.* „Zähl die segensreichen Dinge in deinem Leben, nenne sie einzeln beim Namen, und du wirst sehen, was Gott alles für dich getan hat“, heißt es in einem englischen Lied, das in unserem Haus gesungen wird, wenn die Sorgen sich anhäufen. Dazu gehört für mich auch das Sicherinnern an besondere Erfahrungen mit den Lilien, den Vögeln, an die Witzigkeit und burleske Fröhlichkeit der Tiere, das traurige Jaulen der Hunde im tropischen Kingston, die Eidechsen über meinem Bett und das Zirpen der Grillen in der tropischen Nacht, ihre fröhliche und auch lästige Nähe, die ich aus der Karibik kenne …

Ja, die Vögel, die Lerchen, die Papageien, die Lilien, die Rosen, die Wolken, der blaue Himmel, das grüne Wasser, Gottes Schöpfungsgewand. Das alles ist keine Aufforderung zur Verantwortungslosigkeit, sondern zum Vertrauen, nicht zu Leichtsinn, sondern zur Freude und zum Glauben an Wunder. Die Kraft des göttlichen Augenblicks lässt die Sorgen klein werden und beschert mehr Mut und Lebensfreude als viele andere Stunden des Lebens. Es ist das Glück der Überraschungen Gottes, das die Sorgenstruktur unseres Lebens durchkreuzt und sie beim Anblick der Vögel und dem Duft der Feldblumen in Gottvertrauen verwandelt. Gott in der Fülle des Schönen, das uns umgibt, ein Stück Himmel …

## Der Himmel trägt

*Jörg Zink*

Schauen ist der Anfang der Erfüllung. Erfüllung kann nicht gewollt werden. Sie geschieht, wo wir unser Ego auf die Seite stellen und anfangen aufzunehmen, was wir schauen. Jesus zeigt uns die Schönheit der Lilien auf dem Feld: „Schaut! Und legt eure Angst und Sorge ab! Macht euch keine Sorge um euer Leben. Sagt nicht: Was sollen wir essen? Was sollen wir trinken? Was sollen wir anziehen? Ihr habt euer Leben von Gott, das ist mehr als die Nahrung, die ihr braucht. Lernt bei den roten Anemonen, die sich auf allen Bergen Galiläas wie ein Meer aus glühendem Rot die Hänge herabziehen, wie sie wachsen. Sie arbeiten nicht. Sie spinnen nicht. Sie blühen einfach, wo immer die Sonne scheint und der Regen fällt. Ich sage euch: Auch ein Salomo in all seiner Pracht war nicht gekleidet wie eine von ihnen."

Es mag uns neu sein, aber ich sehe in Jesus etwas ungemein Heiteres. Einen Menschen mit einer Überlegenheit, die sich zugleich wunderbar gütig gibt, mit einer großen Achtsamkeit auf Menschen und Dinge. Aber diese Heiterkeit ist alles andere als naiv. Aus ihr ergibt sich ein Leben, das realistisch bleibt und mühevoll, das aber gelöst und unverkrampft von dem zehrt, was ein gnädiger Gott oder ein gnädiges Schicksal ihm vor die Füße legt. Und Seligkeit ist die Freude, die heitere, unantastbare Freude, die aller Erfahrung an Gewicht überlegen ist.

Denn die Seligpreisungen der Bergpredigt und die Regeln zur Sorglosigkeit sind Umkehrgesetze. Sie sagen: Wo du tatsächlich nichts mehr tun kannst, beginnt deine Freiheit. Um Hoffnung zu gewinnen, musst du die Hoffnung auf dein eigenes Werk lassen können. Um Halt zu finden, musst du dich loslassen. Um Sicherheit zu finden, musst du aufhören, dir Sicherheit zu schaffen. Wenn du das Leben finden willst, musst du das Leben und seine Lebendigkeit lieben …

Jesus war der mystische Augenblicksmensch, der in der Leichtigkeit lebt, die dort entsteht, wo der Wille Gottes an die Stelle getreten ist, an der sonst der Wille des Menschen sich durchzusetzen pflegt. Der Mensch, der dem Augenblick wach entgegentritt mit großer heiterer Kraft. Der Mensch, der für etwas eintritt, auch kämpferisch, von dem er weiß, dass es am Ende unbedroht ist. Und in dieser Leichtigkeit, mit der er über Blumen und Vögel spricht, höre ich ihn sagen: Weißt du eigentlich, wie lebendig, wie farbig dein Leben sein kann? Wie viel Wahrheit, wie viel Schönheit und Frieden es für dich hat? Recke die Flügel! Vertrau dich dem Element an, das dich hebt! Verlass dich darauf, dass der Himmel fest bleibt und die Luft dich trägt.

Und er meint mit alledem die Freiheit und Kühnheit, die dadurch möglich werden, dass einer aufhört, sich selbst im Weg zu stehen. Jesus sucht die Menschen, die die Hände frei haben, die ihre Kraft, ihre Fantasie und Liebesfähigkeit einsetzen können, wo es nötig ist, in ihren vier Wänden, vor ihrer Tür oder sonstwo.

## Dem Alltag die Hektik nehmen

*Joan Chittister*

„Wenn man früher die Postkutsche verpasste", erzählte mir jemand, „ging man einfach nach Hause und wartete auf die nächste. Das war überhaupt kein Problem, sie kam ja alle sechs Monate vorbei. Heute", fuhr er fort, „ärgern sich die Leute, wenn sie ein Abteil in der Drehtür verpassen."

Der Humor dieser kleinen Anekdote ist natürlich erfrischend, doch er trügt. Die Erkenntnis, die dahintersteckt, ist nicht zum Lachen, sondern sehr ernst. Wir haben unsere Seelen an die Ablenkung, die Aufregung, die Geschwindigkeit und das Chaos verraten. Wie Marionetten tanzen wir an Fäden, die wir selbst zu dirigieren glauben. Wir haben die Ruhe der Reflexion über das, was uns wichtig ist, aufgegeben, um uns dem Trugbild des „Sofort", dem schnellen Tun, der schnellen Entscheidung hinzugeben.

Doch nichts, was im Leben wirklich wichtig ist, geschieht sofort. Die Unmittelbarkeit, die sich dem zeitgemäßen „Sofort" verdankt, kann uns zwar Befriedigung schenken, um Qualität geht es dabei jedoch nicht. Sie zielt lediglich auf unsere Impulse ab: Wir können ausdrücken, welches Begehren uns gerade quält. Wir können sagen, was uns in den Sinn kommt. Wir können haben, was immer wir wollen, ohne in Ruhe über dessen Wert nachzudenken. Schnelle Lösungen können unsere Wut dämpfen und unsere Gefühle, Begierden, Triebe und Bedürfnisse befriedigen. Um Sorgfalt geht es dabei aber nicht. Und auch nicht um Reflexion …

Wie soll ich einer Welt, die mit Höchstgeschwindigkeit vorbeidonnert und Taten statt Besinnung erwartet, sagen, dass dieser Moment, diese Situation mehr verlangt als eine reflexartige Reaktion? Wie mache ich klar, dass ich gerade nicht reden möchte, sondern in Ruhe nachdenken muss? Wie drosselt man die Geschwindigkeit einer Welt, die gerade dabei ist, sich kopfüber ins Chaos zu stürzen? Wie erkenne ich den Unterschied zwischen dem, was getan werden muss, und dem, was getan werden kann? Wie entscheide ich, was ich tun muss, um sowohl das eigene als auch das Leben der anderen bedeutsam und dauerhaft zu bereichern? Es ist nicht leicht, Antworten auf diese Fragen zu finden.

Das Einfachste ist natürlich, keine Rücksicht auf die Menschen zu nehmen, die dich mit ihren Anliegen stören. Zwar mag es sein, dass ihre Bitten an sich kein Problem darstellen, sie aber einfach nicht mit den anderen Dingen vereinbart werden können, zu denen du dich verpflichtet hast. „Sag einfach, dass du keine Zeit hast", meinen die einen. „Sag einfach, dass du es nicht machen kannst", raten die anderen. Aber sie haben nicht verstanden, worum es geht, oder? Sie reden von Zeit, aber du machst dir Sorgen um dein Leben – um dein Leben und darum, wie alles zusammenpasst, welchen Sinn es hat und was geschieht, wenn du jetzt Nein sagst.

Tief in deinem Inneren befürchtest du – weißt du –, dass die Welt sich einfach weiterdrehen wird, wenn du diese Bitte jetzt abschlägst. Nichts wird sich wirklich ändern – ein anderer wird liebend gerne das tun, was du nicht tun möchtest. Alles, was passieren wird, ist, dass eine Party ohne dich stattfindet, dass du dieses Mal nicht befördert wirst, du wichtige Beziehungen nicht knüpfen kannst oder eine spannende Erfahrung verpasst. Was dann?

Dann ist es an der Zeit, dein Leben neu zu überdenken. Wie sieht das Leben für dich aus, wenn du in Ruhe darüber nachdenkst? Was möchtest du überhaupt, wonach sehnst du dich in deinem tiefsten Inneren? Was würdest du aufgeben, um an dein Ziel zu gelangen? Was vermag dir Leben zu schenken? …

Wir müssen uns fragen, ob das Diktat des „Sofort“ für uns schon zur Normalität anstatt zur Ausnahme geworden ist. Es ist zwar nicht immer schlecht, mehr auf sich zu nehmen, als man eigentlich möchte, doch wenn wir den Punkt erreicht haben, an dem wir ständig überlastet sind, sollten wir über eine wichtige spirituelle Frage nachdenken … Im Wirbelsturm unseres Lebens, im Wirrwarr von Ereignissen, Menschen und Arbeit riskieren wir, dass das Leben uns aus den Händen gleitet und wir das Ziel aus den Augen verlieren. Eines Tages stellen wir plötzlich fest, dass wir nicht mehr wissen, um was es in unserem Leben eigentlich geht. Das Einzige, was wir noch wissen, ist, dass es um viel zu viel geht. Wir riskieren, Beziehungen zu verlieren, weil wir zu beschäftigt und rastlos sind, um die zwischenmenschliche Vertrautheit zu pflegen, die es braucht, um wahrhaft menschlich zu bleiben …

In unserem Leben wird es natürlich immer Unterbrechungen geben. Es wird immer wieder Forderungen geben, die unseren sorgfältig ausgearbeiteten Zeitplan über den Haufen werfen und uns dazu zwingen, uns zu verbiegen. Wir werden immer entscheiden müssen, was wir auf jeden Fall auf unseren Zeitplan setzen müssen und was darauf gesetzt werden kann, aber nicht zwingend muss, weil es unser Leben nicht bereichert. … Menschen, die ein glückliches und erfülltes Leben führen, sind natürlich ständig damit beschäftigt zu wachsen, zu geben und das zu werden, zu sein und zu tun, wofür sie bestimmt sind. Beschäftigtsein als solches zerstört uns nicht. Gefährlich wird es erst dann, wenn wir ununterbrochen mit Dingen beschäftigt sind, die uns zerreißen anstatt uns Tiefe zu verleihen. Genau das macht den Unterschied aus, etwas zu tun, einfach weil wir dazu in der Lage sind oder weil wir berufen sind, es zu tun.

## Alltag in Beruf und Familie

*Anselm Grün*

Der Druck, dem viele in ihrem Beruf ausgesetzt werden, ist eine Realität, die wir nicht überspringen können. Der Druck kommt von außen. Die Firma steht in Konkurrenz zu anderen Firmen. Durch die Globalisierung ist dieser Druck noch stärker geworden. Immer wieder gibt es Firmen, die die eigenen Preise unterbieten. Aber wir können nicht immer noch billiger produzieren. In dieser Situation müssen sich die Firmen auf ihre Werte konzentrieren. Betriebswirtschaftliche Untersuchungen zeigen, dass man den Gewinn nicht über den Preis macht, indem man durch noch billigere Preise mehr Umsatz erzielt, sondern über die Stammkunden. Und die Stammkunden sind an anderen Werten interessiert: an der Zuverlässigkeit, der Ehrlichkeit, der Freundlichkeit, der Qualität der Arbeit, der Fairness und der Fähigkeit, gute Lösungen zu entwickeln.

Aber die Frage ist, wie wir persönlich mit dem Druck umgehen sollen. Wie wir damit umgehen, das hängt immer von unserem eigenen Lebenskonzept und von unseren Lebensmustern ab. Es gibt Menschen, die alles, was sie tun, sofort bewerten. Sie setzen sich selbst ständig unter Druck, alles perfekt zu machen oder immer noch schneller und noch effizienter zu sein. Sie setzen sich sogar beim Bügeln oder Staubsaugen unter Druck und meinen, diese lästigen Arbeiten in möglichst kurzer Zeit erledigen zu müssen. Doch dann macht die Arbeit gar keinen Spaß mehr. Sie sind nicht mehr bei dem, was sie tun. Sie können sich beim Bügeln nicht erholen und es genießen, etwas Einfaches zu tun und dabei den eigenen Gedanken nachzugehen oder Musik oder ein Hörbuch zu hören. Solche Menschen reagieren auf den Druck von außen sehr empfindlich. Sie lassen sich vom äußeren Druck zusammenpressen, auspressen. Sie fühlen sich dann ständig vom Druck überfordert. Wenn ich den Druck aber als sportliche Herausforderung nehme, dann werde ich mich nicht erdrückt fühlen. Ich entwickle vielmehr neue Lösungsmöglichkeiten. Ich reagiere kreativ auf den äußeren Druck. Er macht mich lebendig. Aber dass kann ich nur, wenn ich zugleich die innere Freiheit dem Druck gegenüber fühle. Ich muss nicht unter allen Umständen die äußeren Vorgaben erfüllen. Ich nehme sie als Herausforderung. Aber was nicht geht, geht nicht.

Viele finden keine Balance zwischen dem Beruf und der Familie. Der Beruf frisst alle Energie auf. Es bleibt immer weniger Zeit für die Familie. Da sind einmal Rituale wichtig, die die Türe der Arbeit schließen, um die Tür der Familie zu öffnen. Wenn ich in der Familie noch mit der Arbeit beschäftigt bin, kann ich mich weder dem Ehepartner noch den Kindern wirklich zuwenden. Ich erlebe dann alles als Störung und Überforderung.

Wenn ich aber die Arbeit durch ein kurzes Ritual – entweder beim Ausatmen die Arbeit loslassen oder sich beim Heimweg frei gehen von der Arbeit oder sich in einem kurzen Gebet von der Arbeit lösen und sich auf die Familie einstellen – die Tür der Arbeit geschlossen habe, dann kann ich mich auf die Familie freuen. Und dann erlebe ich die Kinder nicht als Belastung, sondern als einen Teil der Entspannung. Ich kann mit ihnen spielen und mich dabei frei spielen von allem äußeren Druck. Oder aber ich wende mich ihren Fragen zu, die etwas anderes in mein Leben bringen.

Neben den Ritualen braucht es eine gute Zeitdisziplin. Die Familie braucht die Sicherheit, dass ich zu dieser oder jener Zeit heimkomme. Wer viel Verantwortung in seiner Firma hat, kommt oft erst spät nach Hause. Dem kann man nicht immer entrinnen. Aber umso wichtiger ist dann eine Verlässlichkeit. Der Ehepartner muss sich darauf verlassen können, dass ich zumindest einen Abend in der Woche für ihn und für uns reserviert habe. Diesen Abend sollte man sich durch keinen Termin nehmen lassen. Es braucht Tabuzeiten, die geschützt sind und die von fremden Wünschen oder Ansprüchen nicht gebraucht werden dürfen.

Rituale und Zeitdisziplin sind Hilfen, sich besser auf die Familie einzulassen. Aber oft fehlt die Energie. Man ist so müde von der Arbeit, dass man daheim kaum Energie hat, etwas mit der Familie zu unternehmen. Die mangelnde Energie ist eine Mahnunge, seine eigenen Grenzen besser zu achten. Aber ob ich die Familie als Belastung oder als Energiespender erlebe, hängt auch von meiner Einstellung ab. Wenn ich mich auf die Familie freue, wird sie mir neue Energie schenken.

## Arbeit und Muße

*Notker Wolf*

Wenn man von kreativen Tätigkeiten einmal absieht, ist Arbeit in aller Regel fremdbestimmt. Man ist eingebunden in einen Prozess, der von anderen geplant und bestimmt ist. Man muss etwas tun, was andere aufgetragen haben oder was durch bestimmte Abläufe festgelegt ist. Allerdings ist es etwas ganz anderes, sich einfach von anderen „unterbuttern" zu lassen. Entscheidend ist doch, dass man sein Selbstbewusstsein und Freude an der Kreativität einbringt.

Menschen wollen eigentlich etwas Produktives tun, sich ausdrücken in dem, was sie tun, sie wollen einen Beitrag leisten, tätig sein. Die Erfahrung, dass ich etwas wert bin, kommt auch durch die Arbeit. Und wer nichts tut, für den ist die Gefahr des Frusts groß ... Arbeit ist ein Stück Sinn meines Lebens: Zu sehen, ich werde gebraucht und bin nützlich auch für andere; mit dem, was ich leiste, erwerbe ich meinen Lebensunerhalt, und wenn ich am Abend von meinem Tagwerk müde bin, weil ich wirklich etwas gearbeitet habe, dann weiß ich, was ich getan habe ...

Es gibt für jeden, wenn er aus dem Arbeitsprozess ausscheidet, eine Zeit, wo er nichts mehr „muss". Er ist nicht mehr im gleichen Maß „gefragt" wie früher. Aber auch in dieser Zeit braucht man Ziele, damit das Leben interessant bleibt. Ich selbst brauche Ziele, die mich antreiben. Dieses Angestoßensein und – in diesem positiven Sinn – Getriebensein auf ein Ziel hin macht ja Sinn. Ich würde in den von *Benedikt* so kritisierten Müßiggang verfallen, wenn kein Stimulus mehr da wäre. Aber ein solcher Stimulus muss ja nicht nur in Erwerbsarbeit bestehen. Es gibt viele sinnvolle Tätigkeiten, die für unsere Gesellschaft lebenswichtig sind ... Kürzlich las ich davon, dass ältere Menschen sich in der

Schule eines Problemviertels als Mediatoren engagieren und den Kindern dabei helfen, über ihre Probleme und Konflikte miteinander zu reden, statt gleich zuzuschlagen. Und jemand hat mir von einem Oma-Opa-Projekt erzählt: Manche Eltern haben keine Zeit, weil sie berufstätig sind; oder es gibt zugewanderte Eltern, die ihren Kindern aus sprachlichen Gründen nicht beim Lernen helfen können. Das „Oma-Opa-Projekt“ springt in solchen Fällen ein und sorgt für die Kinder. Wer hier mitmacht, ist natürlich in die Pflicht genommen und geht Verbindlichkeiten ein. Aber nur so kann eine Gesellschaft Zusammenhalt finden …

Aufhören können. Loslassen. Gelassenwerden. Das gehört zur Lebenskunst, nicht erst nach der Pensionierung. Nicht nur beim Streit muss man aufhören können. Auch bei den Anforderungen der Arbeit. Aber auch beim Feiern. So sehr wir uns nach Dauer sehnen und so sehr wir uns von einem glücklichen Augenblick wünschen: Verweile doch. Es gilt auch: Irgendwann ist genug. Es war schön. Aber wir haben auch wieder anderes zu tun. Diese alten Volksweisheiten sind wunderbar. Wer aufhört, wenn's am schönsten ist, der hat es in bester Erinnerung und will nichts weiter erzwingen. Aufhören ist nicht nur eine Kunst, es ist auch eine Entscheidung. Auch bei der Arbeit muss man ein Ende finden. Wer Perfektionist ist, wird nie fertig. Man muss auch mal sagen können: Schluss jetzt. Es muss so stehen bleiben; ich könnte vielleicht noch besser, aber es reicht. Aufhören heißt also auch: die eigene Begrenztheit annehmen …

Zeiten der Arbeit und nichtfunktionale Zeiten des Gebets sind im Alltag der Mönche aufeinander bezogen. Sie bestimmen den Ablauf eines Tages und eines ganzen Lebens und erst gemeinsam prägen sie den Sinn des Daseins.

## Das rechte Maß im Alltag

*Petra Altmann / Odilo Lechner*

„Die Brüder sollen zu bestimmten Zeiten durch Handarbeit, zu bestimmten Stunden mit heiliger Lesung beschäftigt sein."

*Benediktsregel* 48,1

„Ora et labora" (bete und arbeite) ist zu einer Kurzformel des Benediktinischen geworden. Das „und" verbindet zwei verschiedene Elemente zu einer Einheit. Die Regel gibt die Zeiten des gemeinsamen Betens an und gliedert so vom frühen Morgen und der Erwartung des Sonnenaufgangs bis zum abendlichen Abschluss den ganzen Tag durch den Rhythmus des Gotteslobes. Die Regel gibt je nach Jahreszeit die Stunden für die Handarbeit an, durch die die Mönche ihr tägliches Brot erwerben, durch die sie die ihnen anvertraute Schöpfung gestalten, durch die sie „Gott verherrlichen". Sie gibt Zeiten der Lesung, der Meditation, des Freiwerdens für Gott an.

*Odilo Lechner*

Das rechte Maß ist das Leitmotiv der Regel *Benedikts*. An ihm orientieren sich alle Lebensbereiche der Mönche. Arbeit und Gebet, Bewegung und Ruhe, Speisen und Getränke, Mahl- und Fastenzeiten, Handarbeit und Lesung, schweigen und reden. Alles soll im rechten Maß vorgenommen werden. Aber was ist das rechte Maß im Sinne *Benedikts*? Und wie findet man es? …

Abstand bekommen, die Arbeit nicht zum einzigen Mittelpunkt des Tages oder vielleicht des ganzen Lebens werden zu lassen, das ist die Idee des „ora et labora", die wir auch uns außerhalb der Klostermauern zu Eigen machen können. Dazu sollten wir uns unseren Tagesablauf vor Augen halten. Wird unser Tag durch die Arbeit dominiert, oder vertrödeln wir vielleicht sogar Zeit und kommen nicht auf Touren?

- Notieren Sie sich einmal die Arbeits- und Ruhephasen eines ganz gewöhnlichen Tages. Sie werden sich schnell auf die Schliche kommen.
- Wer regelmäßig Pausen macht und sich nicht in seine Arbeit verrennt, bekommt andere Ideen und findet neue Lösungsansätze.

Von der Struktur des Klostertags mit klar festgelegten Gebets-, Arbeits- und Ruhezeiten können auch wir profitieren. Sie macht überdies deutlich, dass es sinnvoll ist, für die einzelnen Aufgaben Zeitblöcke vorzugeben.

Wer zahlreiche Verpflichtungen hat, kann diese nur in den Griff bekommen, wenn er sich für die einzelne Aufgabe ein Zeitlimit setzt. So vermeidet man, sich in eine einzelne Sache zu verbeißen und ihr zu viel Zeit zu widmen. Und es ist oft erstaunlich, was man in engen Zeitrastern schaffen kann.

- Schaffen Sie sich ein Tagesraster mit klar definierten Arbeitsphasen.
- Legen Sie in jedem Fall am Mittag eine Pause ein, um Atem schöpfen und neue Ideen tanken zu können.
- Schließen Sie den Arbeitstag am Abend immer zur selben Stunde ab.
- Planen Sie vor dem Schlafengehen noch mindestens zwei Stunden ein, in denen Sie sich mit anderen Dingen beschäftigen. So nehmen Sie die Arbeit nicht gedanklich mit ins Bett.
- Halten Sie sich an das einmal festgelegte Tagesraster und erfinden Sie den Tag nicht immer wieder neu.

Abt Odilo schreibt, dass die Arbeit im Kloster nicht zum Selbstzweck werden und damit nur der Selbstbestätigung und Ruhmsucht dienen soll. In unserer Gesellschaft hat man hin und wieder den Eindruck, manche Menschen definierten sich nur durch ihre Arbeit und den damit verbundenen Status.

Wer der Arbeit durch ein exaktes Tagesraster einen klar umgrenzten Raum gibt, verhindert, dass sie ihn dominiert. Und hat damit die Chance auf einen ausgewogenen Tagesablauf im Sinne des „ora et labora" … Im Wechsel zwischen Arbeit und Gebet ist gleichzeitig ein Wechsel zwischen Bewegung und Ruhe verankert, den das „ora et labora" mit sich bringt.

- Wenn Ihr Tag von Unruhe geprägt ist, gönnen Sie sich wenigstens am Abend eine Stunde Ruhe und einen freien Tag pro Woche.
- Wenn Sie eher einer „statischen" Tätigkeit nachgehen, stehen Sie immer mal wieder vom Schreibtisch auf und machen kleine Wege in Ihrem Betrieb, statt alles per Telefon oder E-Mail abzuwickeln.
- Bleiben Sie auch zu Hause so oft wie möglich in Bewegung. Machen Sie Erledigungen und Einkäufe möglichst zu Fuß. Benutzen Sie die Treppe statt des Aufzugs.
- Wenn Sie eine Ruhephase einlegen, dann versuchen Sie auch, vollkommen zu entspannen, und denken Sie in diesem Moment nicht an die Dinge, die Sie noch zu erledigen haben.
- Alles zur rechten Zeit und im rechten Maß.

*Petra Altmann*

## Pausen für die Seele

*Willi Lambert*

Nicht selten sind Menschen über viele Jahre hin damit beschäftigt, sich mit der Erziehung durch ihre Eltern und die Umwelt auseinanderzusetzen. Nicht ganz so häufig kommt es vor, dass jemand, nachdem er der elterlichen und schulischen „Fremderziehung“ entwachsen ist, die Selbsterziehung in die eigene Hand nimmt. Die Gewissenserforschung, die Tagesauswertung, das Gebet der liebenden Aufmerksamkeit sind ein Weg, liebevoll und in innerer Freiheit am eigenen Wachstumsprozess mitzuwirken. Freilich stellen sich einem viele Widerstände entgegen. Eine Reihe von Beispielen soll zeigen, wie es gelingen kann, durch die betende Tagesauswertung die Kommunikation mit sich und der Mitwelt zu verbessern und mit auftretenden Schwierigkeiten umzugehen.

„Aller Anfang ist schwer“ oder: „Wie gewöhne ich mir eine Gewohnheit an oder ab?“ – so könnte die Startschwierigkeit betitelt werden. Nicht wenigen hilft, wie so oft im menschlichen Leben, der „Leidensdruck“: „Ich habe einfach gemerkt, so geht es nicht mehr weiter! Ich werde mehr gelebt, als dass ich lebe! Das war für mich die entscheidende Motivation, mir täglich Zeit für mich selbst zu nehmen!“ Die erste Frage scheint tatsächlich die der Motivation zu sein. Warum will ich mir Selbsthilfe geben, wozu und mit welchen Mitteln?

Neben der richtigen Motivation ist vor allem die Frage nach den Mitteln bedeutsam, denn man kann wohl zu Recht sagen: „Der Wille zum Ziel ist so entscheidend wie der Wille zu den Mitteln.“ Die eigene Ernsthaftigkeit, ein Ziel zu erreichen, lässt sich daran überprüfen, ob man konkrete Mittel dafür einsetzen will. Wenn jemand einen Gipfel besteigen will, aber vorher weder einen Klettergarten besucht noch für eine entsprechend gute Ausrüstung spart, hat er zwar „Gipfelträume", aber keinen Gipfelwillen. Wie aber kann der Wille zur Selbsthilfe durch das Gebet der liebenden Aufmerksamkeit im eigenen Leben verankert werden?

Das Erste ist wohl die Wahl des richtigen Zeitpunktes und des Raumes: Für manche sind die ersten Minuten nach dem Aufwachen genau richtig, für andere jedoch die unmöglichste Zeit. Wieder andere erleben die Zeit in der Straßenbahn oder im Zug als ideal. Jemand anderer setzt sich fünf oder zehn Minuten in die nahe gelegene Kirche oder auf eine Parkbank, bevor er wieder in die eigene Wohnung geht, oder er richtet sich im Zimmer eine kleine „Gebetsecke" her. Für andere ist die Zeit vor dem Schlafengehen am besten.

Hilfreich für die Einübung mögen auch fantasievolle Weisen der Gewissenerforschung sein. Für manche Ehepaare kann das gemeinsame Sich-den-Tag-Erzählen ein guter Weg sein und zugleich das Wachsen der Beziehung fördern. Beeindruckend ist die Praxis eines Ehepaares, das sich infolge der beruflichen Anspannung nur die Zeit des Frühstücks füreinander nehmen kann. In dieser kostbaren halben Stunde reden die beiden nur über sich und was sie betrifft. Sie sagen: „Wenn dann etwas Fremdes sich einmischt, fragen wir uns, ob in der Beziehung noch alles stimmt." – Für jemand anderen kann die Tagesauswertung in Gestalt einer geistlichen Zigarettenpause hilfreich sein: „Ich mache das Fenster auf, zünde mir eine Zigarette an, lasse den Rauch aufsteigen und mit dem Rauch meine Gedanken und die Erlebnisse des Tages. Das gestalte ich aus zu meinem ‚Rauchopfer an den Herrn'." (Natürlich ist hier die Botschaft angebracht. „Die EU-Gesundheitsminister warnen ...")

Oder jemand sagt: „Wenn ich im Bett liege, dann lasse ich einfach alle Gedanken und Gefühle kommen, mögen sie angenehm oder beschämend oder beängstigend sein. Gott kennt mich. Er weiß um mich und schaut liebevoll auf mich, er kennt mich. Unter seinen Blick lege ich mein Leben." Diese Art, heilsamen „Seelennebel" aufsteigen zu lassen, ist vergleichbar mit dem Geschehen, das im Psalm 139 zum Ausdruck kommt: „Herr, du hast mich erforscht, und du kennst mich. Ob ich sitze oder gehe, du weißt von mir. Von fern erkennst du meine Gedanken. Ob ich gehe oder ruhe, es ist dir bekannt; du bist vertraut mit all meinen Wegen."

Dieser Psalm eignet sich auch dazu, eine einfache kontemplative Weise der Gewissenserforschung einzuüben: Die Erforschung wird Gott überlassen. Sicher ist es sinnvoll, auf das eigene Leben zu schauen. Aber dürfen wir nicht auch die Tatsache berücksichtigen, dass wir uns nie ganz, ja oft nur zum kleinsten Teil durchschauen? Es kann eine wunderbare und heilsame Weise der Gewissenserforschung sein, alles aktive Erforschen zu lassen und nur dazusein, dazusitzen, dazuliegen und sich dem liebenden Auge Gottes zu überlassen.

Für mich selber ist das Gebet der liebenden Aufmerksamkeit in der Form des Pausengebetes eine gute Hilfe. Kleine spirituelle Pausen können eine Wirkung haben wie die Stoßdämpfer beim Auto, die Pufferzonen bei Eisenbahnwagen und die Knorpelscheiben beim Rückgrat. Wenn diese kleinen, elastischen Zwischenräume fehlen, dann kommt es irgendwann zu einem fürchterlichen Rumpeln und zu unausstehlichen Schmerzen. Also, warum sich nicht die tägliche Lockerungsgymnastik des Pausengebetes gönnen? Solche Pausen können auf dem Gang von einem Bürozimmer ins nächste, zwischen dem Zurücklegen des Telefonhörers und dem Einschalten des Computers stattfinden. Die „schöpferische Pause" muss man nicht immer erst auf den nächsten Urlaub verschieben. Immer wieder ein Päuschen zwischendurch tut es oft auch.

# 4

## Ausschau halten nach dem Licht

Weisheit für dunkle Stunden

*Wie werden wir vollbringen, was durch die Zeiten dauern muss, ein Mensch zu sein, der sterben muss? Wir brennen vor Verlangen, bis es vollendet ist.* ~ *Huub Oosterhuis*

## Ebbe und Flut

*Phil Bosmans*

Seltsames, unbegreifliches Menschenleben. Jahr um Jahr, Tag um Tag bewegst du dich zwischen Menschen und Dingen. Es gibt Tage, da scheint die Sonne, und du weißt nicht warum. Du bist zufrieden. Du siehst die guten, schönen Seiten des Lebens. Du lachst, du bist dankbar, du möchtest vor Freude springen. Die Arbeit geht dir von der Hand. Alle sind freundlich zu dir. Du weißt nicht warum. Vielleicht hast du gut geschlafen. Vielleicht hast du einen guten Menschen gefunden und fühlst dich verstanden. Du denkst: So soll es bleiben, dieser Friede, diese tiefe Freude.

Doch auf einmal ist alles anders. Als ob eine überhelle Sonne die Wolken anzieht – derart fällt Trauer über dich, unerklärlich. Dir erscheint alles schwarz. Dir fällt alles schwer. Du traust dir nichts mehr zu und verlierst allen Mut. Du denkst, alle anderen mögen dich nicht mehr und halten nichts mehr von dir. Überall findest du Gründe, um zu klagen und anzuklagen. Du denkst: So wird es immer weitergehen, dieser Zustand wird sich nicht mehr ändern. Und du weißt nicht warum. Vielleicht bist du müde. Du weißt es nicht.

Warum muss das so sein? Weil ein Mensch ein Stück Natur ist, mit Frühlingstagen und Herbsttagen, mit der Wärme des Sommers und der Kälte des Winters. Weil der Mensch dem Rhythmus des Meeres folgt: Ebbe und Flut. Weil unser Dasein eine ständige Wiederholung ist von Leben und Sterben.

Wenn du das begreifst, kannst du wieder weiter mit Mut und voller Vertrauen. Wenn du Ja sagst zum Rhythmus des Lebens, wenn du ihn annimmst, wirst du durch sein Auf und Ab zu immer größerer Lebenstiefe finden.

## In deinem Licht

Es ist für mich schwer, deinen Willen zu erkennen,
vor allem aber, ihn zu bejahen und zu befolgen.
Ich erkenne zu spät, welch wandelnde Kraft das Leid hat,
das mir auferlegt wurde und das ich ertragen musste.

Doch sehe ich in diesem Leid keine Gnade von dir
und kann dir, wie viele Menschen, dafür nicht danken.
Nichts in dieser und jener Welt geschieht grundlos,
der Zusammenhang von Gnade und Leid jedoch
bleibt mir verschlossen und ist für mich unergründlich.

Jedes Leid, das ich unumgänglich erfahren musste,
hat meine Beziehung zu dir verändert und bereichert.
Ich bin demütiger, einsichtiger und dankbarer geworden.
Überheblichkeit und Stolz sind fast gänzlich geschwunden.

Vor allem fällt es mir nach Phasen der Reinigung leichter,
deinen Willen, Herr, zu erkennen, und ich spüre eindeutig,
ob ich mich einbringen muss oder Schweigen angesagt ist.

Ich lerne, rücksichtsvoller mit anderen Menschen
umzugehen,
sie nicht zu bedrängen oder ihnen gar etwas vorzuschreiben.
In niemandem möchte ich einen Gegner oder Feind sehen.
Andere werden zwar für mich zu einer Herausforderung,
doch sehe ich sie in deinem Licht, das unsere Wege erhellt.

*Peter Dyckhoff*

## Leben heißt Veränderung

*Joan Chittister*

Wir alle verlieren Dinge auf unserem Weg – große Dinge: Eltern sterben, Häuser brennen nieder, Firmen schließen und Beziehungen gehen in die Brüche. Plötzlich finden wir uns in einem völlig neuen Leben wieder, das aus unbekanntem Material zusammengeflickt zu sein scheint. Doch was wir verloren haben, kommt zu uns zurück, nur eben in einer anderen Form. Vielleicht treffen wir eine alte Dame, die sich um uns kümmert wie um ihr eigenes Kind. Wir ziehen in eine andere Stadt, in der es sich womöglich viel besser leben lässt als in der vorherigen. Wir bilden uns fort und finden eine Anstellung, die weit interessanter ist als die alte. Wir treffen einen neuen Menschen.

Dieser Prozess nennt sich „Leben".

Einer meiner Freunde definiert göttliche Vorsehung als das, was geschieht, nachdem wir es mit aller Macht zu verhindern versucht haben. Diese Definition ist sehr aufschlussreich.

Es gibt Dinge im Leben, die einfach unausweichlich sind. Menschen sterben. Menschen werden krank. Dinge gehen verloren. Dinge ändern sich. Wenn so etwas geschieht, kommt es nicht darauf an, unser Leben unter Kontrolle zu behalten. Viel wichtiger ist es, aus dem, was übrig ist, etwas Neues zu formen …

## Tränen gehören zum Leben

*Bärbel Wartenberg-Potter*

Glücklich im Sinne der Bergpredigt ist nur, wer im Leben all sein Lachen gelacht und all seine Tränen geweint hat So zeigt sich das Leben, und es ist immer ein Geschenk. Was in den Augen der Menschen als Unglück erscheinen mag, es kann trotzdem ein Weg zu Gott sein. Was die Welt, die Menschen uns schuldig bleiben, vor Gott wird es ewige Anerkennung finden. Hinter diesen Sätzen erscheint das Bild vom großen *schalom*, der Zeit der Erfüllung, in der die Tränen getrocknet sein werden und aller Hunger und Durst, der materielle und der geistliche, gestillt sein werden.

## Am Widerstand wachsen

*Pierre Stutz*

Eine Geschichte erzählt: Ein Mensch konnte nichts Schönes und Gesundes sehen. Als er in einer Oase einen jungen Palmbaum im besten Wuchs fand, nahm er einen schweren Stein und legte ihn der jungen Palme mitten in die Krone. Mit einem Lachen ging er weiter. Die Palme versuchte, die Last abzuwerfen. Sie schüttelte und bog sich. Vergebens. Sie krallte sich tiefer in den Boden, bis ihre Wurzeln verborgene Wasseradern erreichten. Diese Kraft aus der Tiefe und die Sonnenglut aus der Höhe machten sie zu einer königlichen Palme, die auch den Stein hochstemmen konnte. Nach Jahren kam der Mann wieder, um sich an dem vermeintlichen Krüppelbaum zu weiden. Da senkte die kräftigste Palme ihre Krone, zeigte den Stein und sagte: Ich muss dir danken. Deine Last hat mich stark gemacht.

Vielleicht kann ich den Sinn dieser Geschichte auch in einem Teil meines Lebens entdecken:

Ich nehme mir einmal oder mehrmals nachmittags / abends Zeit, um mich an die Widerstände zu erinnern auf meinem Lebensweg. Steine, die mir in den Weg, in meinen Rucksack gelegt wurden.

Wo, warum konnte ich daran wachsen? Sind durch Widerstände meine Stärken bewusster zum Vorschein gekommen? Wo stimmt der Inhalt dieser Geschichte bei mir nicht? Wo bin ich fast zerbrochen am Widerstand? Was hilft mir, um besser mit Widerstand umgehen zu können?

Wo sind meine Wasseradern?

## Wüstenzeit

*Margot Käßmann*

Wüstenzeit lehrt, worauf es ankommt. Da wird das Stück Brot zum Leben und der Schluck Wasser zum Genuss. Und tief drinnen spürt der Mensch: Es kommt darauf an, dass ich meine Seele nicht verliere. Meine Seele, meine Mitte, meine innere Balance. Denn was immer der Mensch auch durchmacht, seine Seele ist in ihm und sucht nach Leben und nach der lebendigen Beziehung zu Gott. In der Wüste! Und im Leben, das manchmal Wüste ist …

Eine Journalistin fragte mich kürzlich im Interview, ob meine Krebserkrankung für mich eine Wüstenerfahrung gewesen sei. Nein, habe ich gesagt, die Krebserkrankung nicht. Da sind mir Wellen der Sympathie entegegengeschwappt. Mitleid, Betroffenheit, Angst vor Verlust, Zuneigung – in vielen Briefen und Blumensträußen wurde das bekundet und hat mich sehr tief berührt.

Eine Wüstenerfahrung habe ich gemacht, als meine Scheidung öffentlich wurde. Einerseits waren da „Engel", die mich getragen haben, meine Töchter, mein allernächstes Arbeitsumfeld in der Kanzlei, im Landeskirchenamt, im Bischofsrat, im Senat der Landeskirche. Aber es gab auch die Einsamkeitserfahrungen – Zurückweisung, Häme, Giftspritzen ohne Absender, Leserbriefe ohne Barmherzigkeit, die Freude am „tiefen Fall" eines Menschen, eine Lust geradezu an der Herabsetzung. Es gab dieses Gefühl, beobachtet zu werden: Hält sie durch oder nicht? Das ist überhaupt nicht erquicklich. Eine Wüstenerfahrung war das auch, weil ja nicht im Vorhinein klar ist, wie weit die Kraft trägt. Kann ich standhalten oder werde ich doch flüchten? Ertrage ich diesen Zugriffe der Öffentlichkeit, die meint, mein Privatleben abschließend beurteilen zu können, oder entziehe ich mich, gehe weg, trete die Flucht an in die USA oder in ein ganz anderes Leben … Ich habe standgehalten, weil andere mir den Rücken gestärkt haben. Wüstenerfahrungen muss ein Mensch letzten Endes wohl immer allein durchstehen. Aber ich kann mir nicht vorstellen, sie zu bestehen ohne das Wissen um Menschen, die zu mir halten und wie eine Oase in der Wüste für mich sind.

Und nicht ohne meine Verwurzelung in meinem Glauben … Glaube ist, so sagt es *Martin Luther,* ein tiefes Vertrauen. Das lässt sich nicht verkaufen, nicht verordnen, kaum erzählen, sondern nur erfahren und erleben.

Gelernt habe ich in den Wüstenerfahrungen einerseits eine gewisse Ernüchterung, auch Demut: Ich habe nicht alles im Griff, nicht alles ist machbar oder kann selbstbestimmt geregelt werden. Das gilt auch für die Erfahrung zu erleben, wie Menschen mich abstempeln, beurteilen, sich freuen an meinem Scheitern; das war neu und bitter für mich. Und gleichzeitig habe ich erlebt, wie andere mir zur Seite stehen, von denen ich es kaum erwartet habe. Das gehört vielleicht zu den überraschendsten Erfahrungen in der Mitte des Lebens, dass Menschen auch im positiven Sinne anders sein können, als ich es erwarte. Und dass ich erlebe, wie andere sich an mir festhalten, weil sie selbst mitten im Sturm stehen.

In den Wüstenzeiten unseres Lebens kommen wir ans Ende unserer Kraft. Aber aus solchen Zeiten der Klärung können wir eben auch gestärkt hervorgehen, uns neu orientieren und mit frischem Mut nach vorn weiterleben.

## Die heilige Wunde

*Richard Rohr*

Falls Religion dem Leiden keinen Sinn abringen kann, entsteht ein großes „Loch“ für unsere Menschlichkeit. Jede gesunde Religion leitet dazu an, wie wir mit unserem Schmerz umgehen können. Die Größe einer Religion zeigt sich darin, was sie für den Umgang mit dem Absurden, Tragischen, Sinnlosen und Ungerechten lehrt.

*Denn wenn wir unseren Schmerz nicht verwandeln können, werden wir ihn höchstwahrscheinlich an andere weitergeben.* Falls wir keine Möglichkeit finden, aus unseren Wunden heilige Wunden zu machen, werden wir unvermeidlich negativ oder bitter. Tatsächlich gibt es überall bittere Menschen, innerhalb wie außerhalb der Kirche. Wanderer durch das Leben, die immer mehr Negatives einsammeln und mit sich herumtragen: alle ihre Verletzungen und Enttäuschungen, ihre Erfahrungen, hintergangen und im Stich gelassen worden zu sein, die Last ihrer eigenen Sündhaftigkeit und Gebrochenheit. Das alles wird zu einem riesigen Berg, und sie wissen nicht, was sie damit anfangen sollen.

Wir brauchen die Möglichkeit, einen tieferen Sinn des eigenen Leidens zu finden und zu entdecken: *Gott ist irgendwie mitten drin* und kann es sogar für etwas Gutes verwenden. Ohne diese Möglichkeit werden wir in der Regel „zumachen“, uns verschließen und abschließen. Die natürliche Reaktion des Ego ist die, sich zu schützen, um nicht weiter verwundet zu werden. Bei der biblischen Offenbarung geht es darum, die Geschichte und die Einzelnen zu verwandeln, damit wir unseren Schmerz nicht einfach an die nächste Generation weitergeben. Die Mentalität von Leistung und Gegenleistung, des „Wie du mir, so ich dir“ hat einen Großteil der Menschheitsgeschichte beherrscht. Unsere unerlösten

Verletzungen an andere weiterzugeben scheint das allem zugrunde liegende Drehbuch der Menschheitsgeschichte zu sein. Nach wie vor ist daher das Bedürfnis nach einer Spiritualität aktuell, die dem Leben dient.

## Sein Unglück

Sein Unglück
ausatmen können

tief ausatmen
so dass man wieder
einatmen kann

Und vielleicht auch
sein Unglück sagen können
in Worten
in wirklichen Worten
die zusammenhängen
und Sinn haben
und die man selbst noch
verstehen kann
und die vielleicht sogar
irgendwer sonst versteht
oder verstehen könnte

Und weinen können

Das wäre schon
fast wieder
Glück

*Erich Fried*

## Krankheit als Chance

*Anselm Grün*

Es habt wenig Sinn, Krankheiten von der Vergangenheit her zu deuten. Denn da kommt in uns schnell ein Deutungsmuster hoch: „Was habe ich falsch gemacht, dass ich krank geworden bin?“ Oder aber: „Warum straft mich Gott mit der Krankheit?“ Solche Deutungsmuster helfen nicht weiter. Sie erzeugen in uns nur Schuldgefühle. Und Schuldgefühle martern uns. Statt uns zu helfen, gesund zu werden, machen sie uns noch kränker. Statt in diesem Sinn nach der Ursache der Krankheit zu fragen, ist es besser, wenn wir ihre Herausforderung annehmen und uns fragen, welchen Sinn wir in ihr entdecken oder welchen Sinn wir ihr geben können.

Wenn ich so auf die Krankheit blicke, gibt es eine Alternative: Entweder ich lasse durch die Krankheit meine Vorstellungen von mir, von meinem Leben und von Gott zerbrechen. Oder aber ich halte fest an meinen Vorstellungen; dann besteht die Gefahr, dass ich selber zerbreche. Die Krankheit zerbricht etwa meine Vorstellung, dass ich mir durch gesunde Ernährung und gesunde Lebensweise meine Gesundheit garantieren könnte. Sie zerbricht meine Vorstellung, die ich von mir selber habe, dass ich immer stark und erfolgreich und gesund und leistungsfähig bin. Und sie zerbricht meine Vorstellung vom Leben: dass ich alles kann, was ich will. Sie lässt meine Fantasie scheitern, dass ich das Leben immer in vollen Zügen genießen kann. Und auch meine Vorstellung von Gott wird zerbrochen: von dem Gott, der mich vor allem Unheil bewahrt und mich auch vor Krankheit und Tod beschützt.

Wenn ich mir diese Vorstellungen zerbrechen lasse, dann kann etwas Neues mit mir geschehen. Ich werde aufgebrochen für mein wahres Selbst. Dann entdecke ich, wer ich eigentlich bin. Ich komme in Berührung mit meinem ursprünglichen und unverfälschten Selbst. Ich spüre mich selbst. Und ich werde aufgebrochen für die Menschen in meiner Umgebung. ich werde sie anders wahrnehmen, sie in ihrer eigenen Krankheit besser verstehen. Und ich werde aufgebrochen für den ganz anderen Gott. Gott ist die Liebe. Aber diese Liebe ist oft so ganz anders, als ich mir vorstelle. Sie ist letztlich unbegreiflich …

In kranken Menschen begegnen wir der eigenen Angst, genauso krank und alt und vielleicht genauso hilflos oder dement zu werden … Doch manchmal kann gerade der Umgang mit dem kranken Vater und der schwachen Mutter unsere Beziehung zu ihnen verwandeln und vertiefen. Auf einmal verstehen wir sie. Wir söhnen uns aus mit dem Vater, der auf unsere Hilfe angewiesen ist, der sein lautes und forderndes Wesen abgelegt hat und uns nun auf neue Weise begegnet. Wir söhnen uns aus mit der Mutter, die wir in ihrer Krankheit auf neue Weise kennenlernen. Der Umgang mit kranken Menschen ist immer auch eine Chance für uns, ihnen auf neue Weise zu begegnen und uns vielleicht mit ihnen zu versöhnen, wenn alte Verletzungen vorliegen.

## Gesunde und Kranke gemeinsam

*Petra Altmann / Odilo Lechner*

Der Wirtschaftsverwalter des Klosters soll sich besonders „um Kranke, Kinder, Gäste und Arme kümmern".

*Benediktsregel 31,9*

Die Sorge für die Kranken soll nach der Regel des heiligen *Benedikt* „vor und über allem stehen", damit in ihnen wahrhaft Christus gedient wird. Benedikt warnt in besonderer Weise davor, dass die Kranken vernachlässigt werden. Er weiß um alle Schwierigkeiten, auch darum, dass manche Kranke durch übertriebene Ansprüche die Mitbrüder, die sie pflegen, betrüben. „Doch auch solche Kranke müssen in Geduld ertragen werden; durch sie erlangt man größeren Lohn" (Benediktsregel 36,5).

Den Kranken zeigt Benedikt großes Entgegenkommen; so oft es ihnen guttut, biete man ihnen ein Bad an. Den ganz Schwachen ist zur Wiederherstellung ihrer Gesundheit der Fleischgenuss erlaubt. Die Kranken oder auch die Empfindlichen sollen freilich nicht müßig, vom Dienste der Gemeinschaft gelöst sein, auch sie sollen eine geeignete Beschäftigung erhalten, freilich so, dass sie nicht durch zu große Last der Arbeit erdrückt werden.

*Abt Odilo Lechner*

Kranke bedürfen der besonderen Aufmerksamkeit. Benedikt macht dies ganz deutlich: „Der Abt sehe es als eine Hauptaufgabe an, dass die Kranken weder vom Cellerar noch von den Pflegern vernachlässigt werden." Kranke empfinden wir doch manches Mal als Belastung. Man muss sich verstärkt um sie kümmern, und das erfordert Zeit. Mehr Zeit, als wir manchmal haben (wollen). Da heißt es Prioritäten zu setzen und andere Dinge hintanzustellen. Denn gerade wer krank ist, braucht besondere Zuwendung. Das hat sicherlich jeder schon erlebt, selbst wenn er nur mit einer Grippe im Bett lag. Man freut sich, wenn man eine Tasse Tee ans Bett bekommt, wenn man weiß, es ist jemand in der Nähe, auf den man sich verlassen kann.

Schenken Sie Kranken Ihre besondere Aufmerksamkeit:

- Lassen Sie sie nicht links liegen.
- Machen Sie ihnen deutlich, dass Sie für sie da sind.
- Betreuen Sie sie gut und motivieren Sie sie so, dass sie bald wieder gesund werden.

Nicht nur die Gesunden sollen ihrer Aufgabe nachkommen, auch die Kranken haben eine Verpflichtung: „Aber auch die Kranken mögen bedenken, dass man ihnen dient, um Gott zu ehren; sie sollen ihre Brüder, die ihnen dienen, nicht durch übertriebene Ansprüche traurig machen“ (Benediktsregel 36,4). Als Kranker sollte man seine Lage also nicht ausnutzen und keine überzogenen Forderungen stellen. Manchmal hat man den Eindruck, jemand gehe in seiner Krankheit auf: Endlich bekommt er die Aufmerksamkeit, die ihm gebührt. Solcher „Krankheitsgewinn“ bekommt weder dem Kranken gut noch dem Pfleger.

Anders verhält es sich bei chronisch Kranken oder behinderten Menschen. Sie stehen sozusagen unter dauerhaftem Schutz. Man kann ihr Wohlbefinden aber noch unterstützen, indem man ihnen kleine Aufgaben überträgt. So können sie sich nach ihren Möglichkeiten nützlich machen und erfahren gleichzeitig eine Ablenkung.

*Petra Altmann*

## Schlaflose Nächte

*Notker Wolf*

Die Nacht ist in vielen Teilen der Welt, wo die technischen Mittel fehlen, um die Dunkelheit zu vertreiben, bis heute keine gute Zeit. Es ist die Zeit ohne Licht und Wärme. Die Zeit, in der das Leben zurückweicht, wo keine Farben mehr sichtbar sind, wo das Gefüge und die Ordnung der Welt zu verschwinden scheinen. Von dieser urmenschlichen Erfahrung erzählt auch die Bibel: die Mächte der Finsternis bedrohen den Menschen …

Da liegt man krank im Bett, und die Nacht will und will nicht vorwärts gehen. Ich weiß, wie es ist, wenn man sich herumwälzt und nicht schlafen kann. Wenn man alle Viertelstunden zählt und immer noch und immer wieder, und es geht nicht vorwärts. Jeden Glockenschlag hört man. Bedrückende, schwarze Unendlichkeitszeiten. Man wartet und weiß doch, das Warten verläuft ergebnislos. In einer solchen Nacht der dunklen Gedanken hilft es auch nicht, Schäfchen zu zählen. Wer versucht, auf 1000 zu zählen, wird bald wieder seinen Gedankenketten nachhängen. Und da hilft auch alles Rosenkranzbeten nichts. Ich kann ja nicht 376 Rosenkränze hintereinander beten …

„Time is honey" (Zeit ist wie Honig), das gilt nicht, wenn man krank ist. Zeit schmeckt nicht mehr süß, sondern bitter und vergiftet, wenn die Minuten zur Ewigkeit werden und der Stundenzeiger einfach nicht weiterrücken will. Zeit dehnt sich dann unendlich aus, verliert jede Kontur und wird zäh. Dass die Zeit still steht, das kann durchaus eine negative Ewigkeitserfahrung sein …

Was bleibt einem in solchen Nächten im Krankenbett? Man kann höchstens dösen und versuchen, die Zeit zu ertragen, passiv, machtlos. Man kann nur Zeit verstreichen lassen. Man kann sich versuchen im Aushalten und Erleiden. Zeit wird zur Qual …

Etwas anderes ist das „Harren auf den Morgen“, mitten in der Nacht. Da gibt es eine wunderbare Stelle in Psalm 130,6: „Meine Seele harrt auf den Herrn mehr als die Wächter auf den Morgen, mehr als die Wächter auf das Morgenrot.“ Einer hat die Nacht durchgewacht und freut sich, dass die Morgenröte endlich heraufdämmert. Jeder, der Nachtschicht hat, freut sich so auf den kommenden Tag. Ein Kranker, der nur ausharren kann, sieht das anders.

Aber auch das kann man gelegentlich positiv umwandeln. Auch das Unglück der Schlaflosigkeit kann sich wenden. Es war in Rom, ich lag schon drei Wochen in der Klinik auf der Tiberinsel. Nur, ich konnte einfach nicht mehr schlafen. Mein Nebenmann, ein älterer Herr, hatte eine Prostataoperation hinter sich. Und in diesem Krankenhaus müssen die Angehörigen die Nachtwache halten. Seine Frau ist dabei immer eingeschlafen. Da habe ich zu ihr gesagt: „Gehen Sie heim, ich pass schon auf Ihren Mann auf.“ Und dann ist sie heimgegangen. Ich habe ihr versprochen, ich wache durch. Und das war schön. Es war trotz der Schlaflosigkeit eigentlich eine erfüllte Zeit. Ich wusste, ich kann für den anderen da sein. Ich habe mich gefreut, und der andere hat geschlafen.

Und wenn die Nacht noch lang scheint – es bleibt doch eines: die Hoffnung auf den neuen Tag. Auch wenn die Stunden nicht zu verstreichen scheinen, wir wissen: Wir gehen auf einen neuen Morgen zu … „Die Nacht hat zwölf Stunden / dann kommt der Tag.“ Diese Zeile aus dem „Lied von der Moldau“ von *Bert Brecht* ist aus dem Geist und der Erfahrung der Bibel. Die Hoffnung ist: Wer ausharrt und in der Zwischenzeit der Nacht einen Sinn abgewinnt, indem er für andere da ist, der überwindet auch die dunkle Seite der Nacht.

## Es gibt Sterne

*Phil Bosmans*

Manchmal fühlst du dich wie ein Vogel im Käfig, du sitzt da mit gebrochenen Flügeln. Alles ist dunkel, wie in einer schwarzen Nacht. Aber dein Geist ist stärker als dein Leib.

Er zündet wieder ein Licht an, vielleicht nur ein winzig kleines Licht. Aber du kannst doch wieder ein wenig sehen. Und dann sind Freunde, Freundinnen da, die dich mit dem Leben versöhnen. Dein Mann, deine Frau, deine Kinder: Sie alle brauchen dich und dein Lächeln, deine Gegenwart, deine Zuneigung.

In jeder Nacht sind so viel Sterne! In jedem Stern ist so viel Licht! Auch wenn es ganz dunkel wird, werden wir noch immer einen Weg finden und können zum Weg werden für jene, die keinen Weg mehr sehen.

Wenn nachts die Lichter ausgehen und der Lärm der Welt verstummt, dann sehen wir die Sterne, dann hören wir wieder die Stille.

Es gibt Sterne in der Nacht, die wir noch nie gesehen haben. Wenn es noch dunkler wird, dann fangen sie an zu leuchten. Hoffnung ist da, ein Ausweg, denn du siehst weiter. Du schaust wieder nach oben.

## Zeit und Ewigkeit

*Christa Spilling-Nöker*

Wenn die Stunde des letzten Abschieds gekommen ist, füllt sich unsere Seele mit Trauer, denn mit dem Loslassen-Müssen von einem lieben Menschen stirbt auch ein Stück von uns selbst. Wir können die Endgültigkeit des Todes ja niemals begreifen, denn sie stellt auch dem eigenen Leben die Frage nach seinem Sinn.

Aus unserer Seele flüstern uns verborgene Kräfte leise zu, dass gerade angesichts des Todes ein jeder Tag von uns verlangt, ihn zu leben, als würde ihm ein weiterer nicht folgen.

Was am Ende zählt, ist nicht die Zahl deiner Jahre, sondern das, was du aus ihnen gemacht hast.

# 5

## Ein Augenblick voll Ewigkeit

Lebensweisheit für die Seele

*Seit aller Ewigkeit, bevor wir geboren wurden, sind wir in den Gedanken Gottes.* ~ *Henri Nouwen*

## Festkleider tragen

Unter den Füßen
wächst die Freude.
Beschwingt ist mein Schritt.
Tanzen will ich vor Dir,
Du mein Gott.
Mit Festkleidern schmückst Du
meine Seele,
mit schimmernden Farben
durchwoben von Licht.
Fern sind die Tage
der Tränen.
Ich wohne im Haus
Deiner Freundlichkeit,
unter dem Dach
Deiner Güte.
Du bist mein Glück,
bist mein Lachen.
In Dir bin ich
heil und ganz.
Dank will ich Dir singen,
Dich rühmen
aus ganzem Herzen.
Du bist mein Gott.
Du bist mein Gott.

*Antje Sabine Naegeli*

## Gott – meine Oase

*Phil Bosmans*

Ich habe viele nichtgläubige Freunde, aber ich diskutiere mit ihnen nie über das Thema Gott. Glaube hängt nicht am Verstand. Ich denke, dass auch Theologen nicht auf dem richtigen Weg sind, wenn sie versuchen, alle möglichen Theorien aufzustellen. Die Frage nach Gott lässt sich mit der Vernunft allein nicht beantworten, weil unser Verstand einfach zu begrenzt ist. Der Gott, den ich liebe und an den ich glaube ist größer. Er ist unfassbar …

Gott schickt Zeichen. Doch nicht alle können sie entziffern, nicht alle verstehen sie. Die Menschen sagen oft: Das ist Zufall oder Schicksal. Ich behaupte, dass Gott inkognito kommt. Es gibt keine Zufälle. Wenn du dich von Gott führen lässt, wenn du sagen kannst: „Gott, mach mit mir, was du willst, auch wenn es mir nicht gefallen sollte“, dann öffnest du dich für seine Gegenwart. Wenn du dich Gott vollkommen anvertraust, setzt du nicht nur auf deine eigenen Kräfte, sondern fängst an, ihm dankbar zu sein, weil er dich beschützt hat, weil er dich geführt hat. Dann bist du glücklich …

Suche Gott nicht nur in der Kirche. Früher, als ich viel in Südamerika unterwegs war, hat man mir die Kathedralen gezeigt, mich oft in Kirchen geführt. Ich wollte aber lieber in die Gefängnisse gehen. Wenn du anderen die Wärme deiner Liebe zu spüren gibst, wenn sie sich bei dir wie zu Hause fühlen können, wenn es ihnen bei dir gut geht, dann ist das auch ein Gebet …

Nicht die Worte machen das Gebet, sondern die Hingabe. Man muss Gott alles überlassen, alles in seine Hände legen. Am Morgen können wir ihm zum Beispiel danken, dass wir immer noch da sind, dass ein neuer Tag beginnt, der neue Erfahrungen mit sich bringt. Und am Abend können wir uns bei ihm bedanken, dass der Tag für uns gut war … Du kannst mit ihm sogar streiten. Jeder hat seine eigene Art des Gesprächs mit Gott. Diese tiefste Weise zu beten lässt sich nicht im Handumdrehen lernen. Man muss seinen eigenen Weg finden …

Gott erhört immer. Aber der Glaube an ihn ist keine Magie. Nichts geschieht wie mit einem Zauberstab, Gott ist kein „Deus ex machina", der plötzlich eingreift und im Handumdrehen ist alles gut. Mach alles, so gut du kannst. Gott weiß deine Mühe zu schätzen. Nach einiger Zeit wirst du einsehen, dass manche Dinge gerade so von Gott gefügt wurden, wie sie gekommen sind, und das ist manchmal ganz anders, als wir wollten. Wenn ich auf meine Vergangenheit blicke, dann kann ich nur sagen, dass Gott gute Arbeit geleistet hat. Oft wusste ich nicht, wie ich etwas machen soll. Er wusste es besser als ich. Der Mensch ändert sich beim Beten und merkt das nicht einmal. Wenn man betet, kann man auch die Welt verändern. Man darf keine Wunder erwarten, aber die Atmosphäre, die Einstellung, die Mentalität der Menschen verändert sich. Wer wirklich betet, wird feinfühliger, milder, nicht so gewalttätig …

Eine Wüste kann man nicht von heute auf morgen verändern. Aber man kann anfangen mit einer kleinen Oase. In einer Wüste bist du nicht verloren, wenn du glauben kannst an die Oase. Solch eine Oase, das ist die „neue Welt" im Kleinformat. Es ist mehr als ein Traum, der beim Aufwachen verschwindet. Es liegt ein Stückchen Paradies in jedem Herzen, das für einen Unglücklichen zum rettenden Hafen wird. Es liegt ein Stückchen Paradies in jeder Oase, wo Liebe blüht und Menschen Mensch geworden sind, füreinander Brüder und Schwestern. Gott hat seine Liebe in unsere Hände gelegt wie einen Schlüssel zum Paradies.

## Deine Füße zeigen auf Gott

*Joan Chittister*

Eine Geschichte der Sufi-Mönche erzählt:

„Einmal machte sich ein alter Sufi-Mönch auf die große Pilgerfahrt nach Mekka. Diese Reise war immer beschwerlich, doch in diesem Jahr war sie noch viel anstrengender als sonst. Die vielen Menschen rempelten sich gegenseitig an und drängten ihn von der Straße. Der Weg war steinig und uneben. Die Sonne brannte gnadenlos auf den Kopf des alten Mannes hernieder.

‚Ich muss eine Pause machen', beschloss der Heilige, als er kurz vor Mekka war. Also legte er sich neben der Straße nieder. Doch er war kaum eingeschlafen, als ihn jemand wütend wachrüttelte.

‚Sufi, steh auf', sagte der Imam. Seine Stimme klang unfreundlich und seine Hände waren grob. ‚Du bist mir vielleicht ein frommer Mann', fuhr der Fremde fort, ‚eine Schande bist du.' Der Imam umkreiste den Sufi, fuchtelte mit den Armen und schüttelte den Kopf. ‚Wie kannst du es wagen, dich zur Gebetsstunde niederzulegen', brüllte er, ‚mit dem Kopf nach Westen und deinen Füßen in Richtung des Heiligen Schreins, des Hauses Gottes.'

Der alte Mann räkelte sich ein wenig, öffnete ein Auge, blickte den Imam an und lächelte. ‚Ich danke dir für deine Aufmerksamkeit, Herr', sagte der Sufi. ‚Wärst du bitte so freundlich', fuhr er fort, während ein Lächeln seine Mundwinkel umspielte, ‚und würdest meine Füße, bevor ich wieder einschlafe, in eine Richtung drehen, in der sie nicht auf Gott zeigen?'"

Die Geschichte lässt den alten Sonntagsschulspruch: „Wo ist Gott? Gott ist überall“ in einem ganz neuen Licht erscheinen. Überall. Nicht nur in den Dingen, die von uns Menschen als heilig erklärt wurden, sondern vor allem in den Dingen, die Gott als menschlich erklärt hat – in anderen, ja, aber auch in uns selbst. Wenn wir bewusst in Verbindung mit Gott in uns leben, gibt es kein Leben ohne Gott. Wenn wir in uns genauso wie außerhalb von uns nach Gott suchen – und außerhalb von uns genauso wie in uns –, dann werden wir erkennen, dass Gott überall ist.

Die Geschichte lehrt uns einiges über Heiligkeit. Heiligkeit, so lernen wir, ist das Nebenprodukt der Versenkung in den allgegenwärtigen Gott. Zum einen wird deutlich, dass das bloße Befolgen von religiösen Ritualen niemanden heilig machen kann. Im Gegenteil. Es mag sein, dass genau das, was unseren Stolz beflügelt, die Oberflächlichkeit unserer Spiritualität verrät. Der Imam kannte zwar das Protokoll der Pilgerschaft auswendig, aber er wusste nichts über das Mitgefühl Gottes oder die Pflicht der Muslime, für andere Sorge zu tragen.

Zum anderen ist genauso offensichtlich, dass der Sufi sich seiner Menschlichkeit bewusst war und diese samt ihrer Unzulänglichkeiten annahm. Er spielte sich nicht auf und war nicht affektiert. Der Sufi war den ganzen Weg mit den anderen Pilgern, die auf dem Pilgerpfad waren, gegangen, ohne besondere Aufmerksamkeit zu erwarten, nach einer Sonderbehandlung zu verlangen oder von der Pilgerreise befreit werden zu wollen. Er sonderte sich nicht vom Rest der Menschheit ab. Er stellte sich selbst nicht auf eine höhere Stufe als die Menschen in seiner Umgebung. Er gab nicht vor, jemand zu sein, der er nicht war.

Er war ein Mensch, der sein Leben lang, so gut er es konnte, nach Gott suchte. Weder er noch seine Art der Suche war etwas Besonderes. Er trug einfach nur einen

Magneten in sich, der sein Leben lenkte und seinem Herzen Frieden gab. Der Gott, der uns erschaffen hat, so wusste er, erwartet nicht mehr von uns als das, was wir sind. Aber er erwartet, dass wir uns bemühen. Wie alle Heiligen und Mystiker der Welt lehrt uns der Sufi, dass Gott kein Ding ist, das wir mit frommen Schmeicheleien bezirzen können. Gott, „der Erbarmer, der Barmherzige“, so gut und mildtätig er auch sein mag, ist keine Marionette an einer Gebetsschnur. Wenn Gott der Schöpfer des Lebens und der Erhalter unserer Existenz ist, dann ist er unser Weggefährte, die Luft, die wir atmen, die Gedanken, die wir denken, der Ozean des Geistes, in dem wir uns bewegen.

Die Gegenwart Gottes hängt nicht von irgendeiner kirchlichen Rangordnung ab. Gott ist nicht in dem gegenwärtig, was wir sein wollen oder zu sein glauben, sondern in dem, was wir in uns tragen. Nur die Vergötzung unseres eigenen Selbst kann die Gegenwart Gottes in uns verhindern. Nur das Bewusstsein der Allgegenwart Gottes macht sie möglich …

Nichts ist überwältigender als die Erkenntnis, dass die Qualität des göttlichen Raumes, der uns umgibt, davon abhängt, was wir dazu beitragen. Diese Einsicht nimmt uns den Genuss, den das Jammern über den Zustand unserer Gesellschaft mit sich bringt. Sie zwingt uns zu einer Erkenntnis, die *Mahatma Gandhi* folgendermaßen formulierte hat: „Sei du selbst die Veränderung, die du in der Welt sehen möchtest.“ So wie wir sind, wird die Welt sein.

Wenn die Frage lautet: Wo ist Gott?, dann ist die Antwort beruhigend einfach: Gott ist dort, wo wir ihn sehen, dort, wohin wir ihn bringen – nicht mehr und nicht weniger, zu jeder Zeit, an jedem Ort, in jedem Menschen.

## Ahnung und Anfang

Du, Herr, bist und bleibst zu allen Zeiten derselbe.
So frage ich mich: Welche Bedeutung hat mein Gebet für dich,
mein Klagen und Hinterfragen, mein Zweifeln und Bitten?
Und was sagst du zu meinem Schweigen aus Sprachlosigkeit?
Wenn du bereits die unausgesprochenen Worte kennst:
Was hat es für einen Sinn, sie zu bedenken und auszusprechen?

Du schweigst und bleibst still, ohne ein Zeichen für mich.
Doch im Echo meines Gebetes wird mir bewusst,
wie durch meine Hinwendung zu dir und den Anruf an dich
mein Inneres lichter wird und größere Klarheit sich bildet.
Ist dies vielleicht schon der Anfang unserer Freundschaft,
nach der ich mich trotz meiner Bedenken so sehne?

Ich kann es kaum fassen: Dann wärest du immer zugegen,
selbst wenn ich dich nur an den Spuren erahne.
Und diese sind bleibend, mein Leben unterstützend und gut.
Wird dies wohl der Anfang des Weges sein, den du mit mir gehst?
Dass ich zuerst bei mir aufräumen muss, leuchtet mir ein.
Du bewegst mich im Inneren, damit auch ich mich bewege
und dir in meiner Seele eine bleibende Wohnstatt bereite.

*Peter Dyckhoff*

## In der Stille

*Margot Käßmann*

*Das Wort des Herrn sprach zu Elia: Gehe heraus und tritt auf den Berg vor den* HERRN! *Und siehe, der* HERR *ging vorüber und ein großer, starker Wind, der die Berge zerriß und die Felsen zerbrach, vor dem* HERRN *her; der* HERR *war aber nicht im Winde. Nach dem Winde aber kam ein Erdbeben; aber der* HERR *war nicht im Erdbeben. Und nach dem Erdbeben kam ein Feuer; aber der* HERR *war nicht im Feuer. Und nach dem Feuer kam ein stilles, sanftes Sausen.* *1 Könige 19,11–12*

Entsetzlicher Sturm, Erdbeben und Feuer kommen in den Berg. Sie sind Zeichen der Macht und Gegenwart Gottes – genau mit diesen Zeichen wird aber auch Baal identifiziert, und Elia hat in seiner Auseinandersetzung mit den Baalsleuten gerade versucht zu beweisen, dass der Gott Israels in dieser Hinsicht stärker ist als Baal, dass er nicht nur konkurrenzfähig, sondern überlegen ist. Aber jetzt hier am Gottesberg, auf dem Elia allein ist, zeigt sich etwas ganz anderes: Gott ist nicht einfach ein stärkerer Konkurrent Baals. Gott ist anders – und lässt sich nicht in den mächtigen Naturerscheinungen, in diesem ganzen Getöse finden. „Ich bin, der ich bin", „Ich werde sein, der ich sein werde", sagt Gottes Name. Gott lässt sich nicht in unsere Vorstellungen pressen.

Erst als die Stille kommt, ein „sanftes Säuseln", erkennt Elia, dass Gott da ist. Er verlässt die Höhle mit verhülltem Gesicht, jetzt kann er sich Gott stellen, Gott begegnen, kann hören. Bis an diese Stelle war Elias Bild von Gott ziemlich martialisch: Er hat für einen Kämpfergott gekämpft. Nun lernt Elia, das Schwache auch in sich zu sehen. Sich anzusehen mit all den Schwächen. Er lernt Demut. Und er lernt, dass Gott ganz anders sein könnte als in unseren Vorstellungen. Nicht der Gewaltige, sondern der Sanfte.

Wie ist das mit der Stille? Mir ist wichtig, dass die Geschichte nicht einfach erzählt: Gott ist in der Stille. Deutlich wird: Es muss erst einmal still werden, damit wir Gott hören können. In unserer Zeit wird es selten genug still. Alles ist laut, wir lassen uns ununterbrochen beschallen. Weil ständig irgendetwas piepst und klingelt, imitieren inzwischen angeblich bereits Singvögel die Handy-Klingeltöne – und singen lauter, um die Menschen-Geräusche zu übertönen.

Viele Menschen kennen gar keine Stille mehr und wissen nicht, wie sie damit umgehen sollen. Überall ist es laut, überall wird geredet oder ein Geräusch gemacht, die Welt dreht sich so schnell und die Veränderungen sind so rapide, dass wir uns selbst zu verlieren drohen. Oder anders ausgedrückt: Unsere Seele kann nicht Schritt halten. Die Seele vieler ist oft so erschöpft und verletzt, vielleicht auch einfach vernachlässigt. Seelsorge braucht unsere Zeit. Das schöne Lied aus Taizé kann den Anfang machen: „Schweige und höre, neige deines Herzens Ohr, suche den Frieden."

Ja, wer schweigt und hört, kann Frieden finden für die Seele. Stille ist wirklich not-wendig geworden. Nur wer Stille findet, kann hören lernen. Ohne in die Stille zu gehen, laufen wir vor uns selbst und vor Gott weg. Wir lassen uns ablenken durch Gags und Gackern … Ich erlebe an mir selbst, dass ich nach einer Phase der Stille wieder im Gleichgewicht bin und mich neu auch Konflikten stellen kann, nach vorn gehe, die Auseinandersetzung wage. Ohne solche Stille fehlt mir der Ausgangspunkt, die Bodenhaftung für das Standbein, das die Balance möglich macht.

## Einfach atmen

*Richard Rohr*

*Die größte Verbündete Gottes ist die Wirklichkeit selbst.* Gottes größte Offenbarung ist *das, was ist* (siehe Römer 1,20), und nicht das, wovon wir gern möchten, dass es sei, und nicht einmal das, was sein sollte – nicht abstrakte Theorien, sondern konkrete Begegnungen. *Das, was ist,* ist das, was uns radikal verändert. Geburt und Tod zum Beispiel sind die natürlichen Initiationsereignisse, aber sogar aus diesen haben wir medizinische Prozeduren gemacht, die versteckt in Krankenhäusern stattfinden.

Nur Menschen, die zunächst einmal gelebt und geliebt, gelitten und versagt, und wieder von Neuem gelebt und geliebt haben, sind in der Lage, die Bibel mit einer demütigen, bedürftigen, ganz offenen und schließlich fruchtbaren Haltung zu lesen. Gibt man die Bibel jemandem in die Hand, der noch nicht vom Leben initiiert ist, so wird er darin immer bloß gute Gedanken suchen. Sie droht dann als bloße Ansammlung von *Anweisungen* verstanden zu werden, statt tatsächlich als *Beschreibung* dessen, was ist und was nicht ist.

Ich möchte Ihnen jetzt das vorstellen, was ich für die allerwichtigste Warnung vor anmaßendem Wissen und Reden halte. Uns allen ist das zweite Gebot vertraut: „Du sollst den Namen Gottes nicht missbrauchen“ (Exodus 20,7). So wurde es oft übersetzt, aber kaum richtig verstanden. Die meisten Christen scheinen gemeint zu haben, damit werde das Fluchen verboten. In Wirklichkeit ist gemeint, wir sollten den Namen Gottes nicht „müßig“ oder „leichthin“ aussprechen, das heißt, ihn beiläufig, belanglos, hohl, im Unverstand verwenden, und daher mit der falschen Unterstellung, wir verstünden ihn – also so, als wüssten wir, wovon wir redeten!

Damit der Gottesname nie „leichthin" oder ohne Ehrerbietung ausgesprochen wurde, kamen im Judentum schon bald einige zu der richtigen Schlussfolgerung, den Gottesnamen überhaupt nicht auszusprechen! Das heilige Tetragramm JHWH sollte nicht einmal von den Lippen geformt werden! Man schrieb nur die vier Konsonanten, und nur die Gebildeteren wussten, wie die dazugehörigen Vokale lauteten – wozu man natürlich Atem und Geist brauchte. Atem und Geist aber kann nur Gott schenken, und daher sollten wir es nicht wagen, den heiligen Namen mit unserem eigenen Atem auszufüllen. Nur Gott kann Gottes Namen „Ich bin der ich bin" (Exodus 3,14) aussprechen … Manche jüdische Gelehrte sagen, dass die Konsonanten, mit denen der Gottesname umschrieben wird (j, w, h), Laute sind, bei deren Aussprechen man weder den Mund schließen noch Lippen oder Zunge signifikant einsetzen kann; ja, in Wirklichkeit *gleichen sie sehr dem Versuch, das Atmen des Menschen wiederzugeben:* mit jh den Zug des Einatmens und mit wh den Zug des Ausatmens! (Halten Sie kurz inne und atmen Sie damit!)

Gottes ewiges Geheimnis können wir nicht fassen oder in den Griff bekommen, sondern nur so frei empfangen und aussprechen, wie unser Atem geht; und Atmen ist das Einzige, das wir vom Augenblick unserer Geburt an getan haben und bis zu unserem letzten Augenblick in diesem Körper tun werden! Gott ist uns verfügbar und zugänglich wie unser Atem, und keine Religion ist in der Lage, diesen stückweise zuzuteilen, ihn zu kontrollieren oder zu sagen, wer ihn bekommt. Ist das nicht genau der Sinn der dramatischen Szene, als Jesus die Jünger nach seiner Auferstehung mit seinem Atem anhaucht? …

Gott ist kein gewöhnlicher Erfahrungsgegenstand, sondern vielmehr *die Erfahrung einer solchen Weite und Tiefe, dass sie uns Raum schenkt für alle unsere Erfahrungen,* einen Raum, in dem wir uns geborgen und reich beschenkt fühlen. Eine derartige Weite wird sich immer eher wie ein Nichtwissen anfühlen als wie irgendetwas, das wir je als Wissen bezeichnet haben. Aber dieses Nichtwissen wird eine tiefere Gewissheit mit sich bringen als alles, was wir nur mit unserem Verstand gewusst haben! …

Lassen Sie Ihr Ein- und Ausatmen Ihr ganzes weiteres Leben lang zu Ihrem Gebet werden, das von Gott zu Ihnen und von Ihnen zu Gott weht, einem Gott, der lebendig ist und sich aufs Äußerste mitteilt. Was da geschieht, brauchen Sie niemandem zu beweisen, und Sie können das auch nicht. Bleiben Sie einfach beim wachen Atmen, bewusst und ohne Widerstand, und Sie werden wissen, was Sie wissen müssen.

*Still werden können,*
*wirklich so still,*
*dass man den Herzton des Lebens spürt,*
*ist eine hohe Kunst.*

Christa Spilling-Nöker

## Heimat in Gott

*Andrea Schwarz*

*Ein Zuhause ist, wohin man geht,*
*wenn einem die Orte ausgegangen sind.*
*Barbara Stanwyck (1907–1990)*

Die Erinnerung an ihre Heimat haben meine Eltern immer wachgehalten – und das war eben nicht Wiesbaden, sondern das war ein Ort, „an den man nicht mehr hin kann“. Ich wuchs auf mit gelegentlichen schlesischen und ostpreußischen Dialektwörtern, mit Schwarz-Weiß-Dias von der Kurischen Nehrung und dem Rathaus von Breslau.

Mit dem Tod meines Vater und meiner Mutter ist vieles „gestorben“, was nicht mehr rekonstruierbar ist. Sie haben es mitgenommen. Und vieles, was mir wichtig ist, werde ich eines Tages mitnehmen, wenn ich sterbe.

Ich persönlich glaube, dass meine Bindung an Gott und den Glauben etwas mit dieser erlebten Heimatlosigkeit zu tun hat. Und möglicherweise gilt es auch andersherum: Dass eine Entscheidung für Gott eine gewisse „irdische“ Heimatlosigkeit mit sich bringt …

Nein, ich erbe keine Häuser und keine Grundstücke. Muss ich ja auch nicht. Das, was ich erbe, ist etwas anderes: die Erinnerung daran, dass man alles verlieren kann – und damit die Frage: Was ist wirklich wichtig?

Ich habe Heimatlosigkeit geerbt – und Heimat in meinem Glauben geschenkt bekommen. Und ich glaube, auch die Sehnsucht gehört zu diesem Erbe dazu. Ich spüre die Verantwortung, anderen zu helfen, denen es schlechter geht – weil uns damals andere geholfen haben – und weil es nicht mein Verdienst ist, dass es mir heute gut geht. Ich habe auch gelernt, dass Barmherzigkeit wichtiger sein mag als manches Gesetz.

Ja, es gibt Pläne in meinem Leben. Ich möchte und ich werde nach Südafrika gehen – weil es dort Menschen gibt, die meine Zeit und meine Kraft und unsere „Rosen“ brauchen.

Ich kann gehen, eben weil ich keinen Ort brauche, um beheimatet zu sein.

Ich brauche meinen Glauben und einen Gott, der mit mir geht.

Ich muss nicht finanziell reich werden, mir reicht es, halbwegs leben zu können. Ich brauche eine Kirche und Eucharistie, die dort gefeiert wird. Dann bin ich überall zu Hause. Mag sein, dass diese Entscheidung für die nächsten Jahre meines Lebens mit dem zusammenhängt, was meine Eltern erlebt haben.

Ich weiß es nicht.

Aber es kann durchaus sein …

## Verliebt

*Katharina Schridde*

Es war die Kirche, die mich vor allem anderen in ihren Bann zog. Ein sehr moderner Backsteinbau, eine offene, weite Hallenkirche mit einem schlichten Granit-Altar auf Bronze-Engeln in der Mitte. Ein Tempel und ein Zelt zugleich. Und darin viermal am Tag der Gesang … Viermal am Tag die unglaublich schlichte Schönheit der Frauen in ihren grauen Chorgewändern, viermal am Tag ein offener Raum voller Klang und Würde. Und das alles, weil sie überzeugt waren, genau das sei ihr Lebensauftrag und ihre Weise, diesen Gott, diesen fernen, nahen Gott in dieser Welt zu bezeugen, ja mehr noch, Ihn mit ihrem Gesang daran zu erinnern, dass Er in dieser Welt eine Wohnstatt hatte …

In diesen Tagen half ich zwischen den Gebetszeiten im Garten und in den Spülküchen der Gästehäuser. Außer mir waren mehrere solcher mithelfenden Gäste da, überwiegend Frauen in meinem Alter und unterschiedlichster Herkunft, die meisten schon gut vertraut mit dem Ort und den Schwestern. Ohne Probleme wurde ich integriert, konnte reden oder auch nicht, mich zu der Gruppe gesellen oder es lassen. Ich fühlte mich einfach angenommen und in eine Weite gestellt, die ich vorher so nie erfahren hatte. Und ich war verliebt, wie ich verliebter nicht sein konnte – in den Gesang, in die Schwestern, in diesen Berg und seine Kirche, in der sich Himmel und Erde verbanden, in diesen Gott, der so etwas bewirkte.

## Spiritualität der Unvollkommenheit

*Pierre Stutz*

Ein spiritueller Mensch lernt, mit den Unterbrechungen in seinem Leben umzugehen, damit sie ihm zu Durchbrüchen werden. Auch mein Scheitern hat Platz in meinem Lebensentwurf. Ich verabschiede mich auf diesem Weg von den Vorstellungen, einmal für immer Klarheit zu haben, mich völlig verändern oder grundlegende Charakterzüge einmal völlig ablegen zu können. Diese Grundhaltung befreit mich von dem Zwang, mich selber erlösen zu müssen. Dahinter steckt kein pessimistisches Menschenbild, sondern das Einholen meiner Schwäche und Ohnmacht, die immer ein Teil meines Lebens sein werden. Verwandlung ist jeden Tag möglich, doch nicht von einem Tag zum andern, wie folgende humorvolle Geschichte zeigt:

Ein Pfarrer kam nach intensiven Exerzitien nach Hause mit dem Vorsatz und der Überzeugung, dass er nun endlich, den alten – schlechten – Menschen ablegen könne und ein neuer Mensch sei. Um dieser Hoffnung noch mehr Gewicht zu geben, stellte er im Pfarrgarten ein Grabmal auf mit der Inschrift: „Hier liegt der alte Mensch begraben." Drei Tage später schon lag ein kleiner Zettel neben der Grabstätte. Die Pfarrköchin hatte ihn hingelegt. Beim Öffnen konnte man folgende Worte lesen: „… und nach drei Tagen ist er auferstanden!"

Vor einigen Jahren sagte mir jemand: „Es ist manchmal schwer, mit dir zusammen zu leben!" Zu meinem eigenen Erstaunen haben mich diese Worte sehr befreit, und ich konnte antworten: „Du hast recht, ich habe es manchmal auch recht schwer mit mir!" Diese Worte haben mich erlöst von der Erwartung, immer angenehm und „pflegeleicht" zu sein. Darin sehe ich keinen Freipass, um meine schlechte

Laune ausleben zu können, jedoch das wohltuende Eingeständnis, auch mit meinen Fehlern angenommen zu werden. Denn in meiner Verletzlichkeit, meiner Zerbrechlichkeit, meinem Scheitern bin ich zutiefst auf andere angewiesen. Indem ich die Polaritäten in mir zu integrieren versuche, werde ich menschlicher und kann lernen, heilende Hilfe anzunehmen. Die Spiritualität von *Hildegard von Bingen* hilft zu dieser ganzheitlichen Selbstannahme:

„Jeder Mensch erlebt die schmerzliche Differenz zwischen der Erfahrung seiner Schuld, seines Elends, seiner Wunden einerseits und dem sicheren Wissen um seine Würde andererseits. Beides braucht der Mensch, damit er leben kann. Heilung besteht darin, beide Wirklichkeiten in eins zu bringen, ohne sie aufzuheben und aneinander zu verraten" (Schwester Caecilia Bonn).

Um gut mit mir selber umgehen zu können, muss ich Wohlwollen haben meinen Schwächen gegenüber. Etwas vom Schlimmsten, das wir Menschen uns antun können, ist die eigene Abwertung. Denn da entziehe ich mir selbst den Boden, meinen Standpunkt, und meine Lebenskraft bleibt blockiert ... Ein Stück Himmel im Alltag sind die Momente, in denen ich mir eingestehe, dass ich mich in diesem oder jenem Bereich behindert fühle. Im Annehmen und Zeigen meiner Bedürftigkeit kann ich zutiefst spüren, was es bedeutet, menschlicher zu werden ...

Nach einem Wochenende, das ich zusammen mit *Dorothee Sölle* gestaltet habe, hat sie mir gute Wünsche mitgegeben auf meinem Weg. Wünsche, die sie bei den Quäkern entdeckt hat: „Das Bild vom Leben spricht in schöner mystischer Übertreibung und zugleich realistisch von drei Qualitäten, die allen offenstehen: grenzenlos glücklich, absolut furchtlos, immer in Schwierigkeiten" (Dorothee Sölle). Diese Wünsche sind mir zur Lebenshilfe geworden. Jeden Tag den Saum des Glücks anfassen und zugleich annehmen können, dass die Schwierigkeiten und Ungereimtheiten zu meinem Alltag gehören. Darum bleibe ich gerne Christ, um Leben in Fülle zu erfahren im Staunen und Genießen der glücklichen Stunden – während ich weiß, dass die Liebe zu Gott, Menschen und Schöpfung mich mit dem Leiden und dem Unerlöstsein konfrontiert.

Mitten im Entscheidungsprozess
meine ganze Ambivalenz spüren

Wo soeben noch Klarheit
und ein sicheres Gefühl sich zeigte
herrscht jetzt Verunsicherung und Chaos

Da mir wohlwollend begegnen
ist unglaublich schwer

Begleite mich
klärender Geist
indem ich mein Verspanntsein hineinatme
und dadurch meinen Kopf entlaste
um mit Leib und Seele vertrauen zu können
dass die Lösung schon in mir ist

Allen Widersprüchlichkeiten zum Trotz
vertraue ich dem Hinweis Gottes in mir

# Anhang

# Quellenverzeichnis

Petra Altmann / Odilo Lechner, Leben nach Maß. Die Regel des heiligen Benedikt für Menschen von heute. Verlag Herder GmbH, Freiburg im Breisgau 2009.

Benedikt XVI., Worte der Hoffnung und Ermutigung. Herausgegeben von Stefan von Kempis. © 2010 Libreria Editrice Vaticana / Verlag Herder GmbH, Freiburg im Breisgau 2010.

Dietrich Bonhoeffer, Widerstand und Ergebung. Dietrich Bonhoeffer Werke Bd. 8 © 1998 by Gütersloher Verlagshaus, Gütersloh, in der Verlagsgemeinschaft Random House GmbH, München.

Phil Bosmans, Vergiss nicht zu leben. Gespräche zum Menschsein mit Katarzyna Szymanska-Borginon. Verlag Herder GmbH, Freiburg im Breisgau 2007.

Phil Bosmans, Mensch, ich hab dich gern. Herausgegeben von Ulrich Sander. Verlag Herder GmbH, Freiburg im Breisgau, Herder Spektrum Taschenbuch 2010.

Joan Chittister, Weisheitsgeschichten aus den Weltreligionen. Antworten auf die Fragen des Lebens. Aus dem Amerikanischen von Annette Nau. Verlag Herder GmbH, Freiburg im Breisgau ²2009.

Peter Dyckhoff, Im Feuer deiner Liebe. Gebete auf dem Weg des Glaubens. Verlag Herder GmbH, Freiburg im Breisgau 2009.

Ylva Eggehorn, Wo die Löwen wohnen. Männer in der Bibel. 14 Porträts. Aus dem Schwedischen von Rainer Haak. Verlag Herder GmbH, Freiburg im Breisgau 2009.

Erich Fried, Beunruhigungen © Verlag Klaus Wagenbach Berlin 1984, Neuausgabe 1997.

Dietrich Grönemeyer, Lebe mit Herz und Seele. Sieben Haltungen zur Lebenskunst. Verlag Herder GmbH, Freiburg im Breisgau, Herder Spektrum Taschenbuch 2009.

Anselm Grün, „Was soll ich tun?" Antworten auf Fragen, die das Leben stellt. Herausgegeben von Anton Lichtenauer. Verlag Herder GmbH, Freiburg im Breisgau 2008.

Anselm Grün, Das Glück beginnt in dir. Gute Gedanken für jeden Tag. Ausgewählt und herausgegeben von Ludger Hohn-Morisch. Verlag Herder GmbH, Freiburg im Breisgau 2009.

Rainer Haak, Champagner für die Seele. Verlag Herder GmbH, Freiburg im Breisgau, Herder Spektrum Taschenbuch 2006.

Margot Käßmann, In der Mitte des Lebens. Verlag Herder GmbH, Freiburg im Breisgau 2009.

Willi Lambert, Die Kunst der Kommunikation – Entdeckungen mit Ignatius von Loyola. Verlag Herder GmbH, Freiburg im Breisgau 2006.

Antje Sabine Naegeli, Umarme mich, damit ich weitergehen kann. Gebete des Vertrauens. Verlag Herder GmbH, Freiburg im Breisgau 2010.

Henri Nouwen im Gespräch mit Philip Roderick, Geliebt sein. Was es heißt, heute als Christ zu leben. Aus dem Englischen übersetzt von Ulrich Sander. Verlag Herder GmbH, Freiburg im Breisgau 2009.

Huub Oosterhuis, Du Atem meiner Lieder. 100 Lieder und Gesänge. Verlag Herder GmbH, Freiburg im Breisgau 2009.

Karl Rahner, Worte gläubiger Erfahrung. Herausgegeben von Alice und Robert Scherer. Mit einem Lebensbild von Christian Feldmann. Verlag Herder GmbH, Freiburg im Breisgau 2009.

Richard Rohr, Ins Herz geschrieben. Die Weisheit der Bibel als spiritueller Weg. Aus dem Amerikanischen von Bernardin Schellenberger. Verlag Herder GmbH, Freiburg im Breisgau, zweite durchgesehene und erweiterte Ausgabe 2009.

Richard Rohr, Auf dem Weg nach Weihnachten. Ein Begleiter durch die Adventszeit. Aus dem Amerikanischen von Bernardin Schellenberger. Verlag Herder GmbH, Freiburg im Breisgau 2009.

Richard Rohr, Hoffnung und Achtsamkeit. Der spirituelle Weg für das 21. Jahrhundert. Aus dem Amerikanischen von Bernardin

Schellenberger. Verlag Herder GmbH, Freiburg im Breisgau, Neuausgabe 2010.

Katharina Schridde, … und plötzlich Nonne. Verlag Herder GmbH, Freiburg im Breisgau 2009.

Andrea Schwarz, Der kleine Drache Hab-mich-lieb. Ein Märchen für große Leute. Mit Illustrationen von Thomas Plaßmann. Verlag Herder GmbH, Freiburg im Breisgau, Neuausgabe 2008.

Andrea Schwarz, Wenn die Orte ausgehen, bleibt die Sehnsucht nach Heimat. Fragmente einer geerbten Geschichte. Verlag Herder GmbH, Freiburg im Breisgau 2009.

Christa Spilling-Nöker, Der immerwährende Kalender für alle persönlichen Festtage. Verlag Herder GmbH, Freiburg im Breisgau 2010.

Pierre Stutz, Ein Stück Himmel im Alltag. Verlag Herder GmbH, Freiburg im Breisgau. Herder Spektrum Taschenbuch 2008.

Bärbel Wartenberg-Potter, Wes Brot ich ess, des Lied ich sing. Die Bergpredigt lesen. Verlag Herder GmbH, Freiburg im Breisgau 2007.

Weifan Wang, Die Weisheit der Lilien. Meditationen eines chinesischen Christen. Herausgegeben und ins Deutsche übertragen von Monika Gänßbauer. Verlag Herder GmbH, Freiburg im Breisgau 2010.

Paul Weismantel, Segensgebete. CS-Media-Verlag.

Notker Wolf, Gönn dir Zeit. Es ist dein Leben. Verlag Herder GmbH, Freiburg im Breisgau 2009.

Jörg Zink, Jesus. Funke aus dem Feuer. © 2008 Kreuz Verlag GmbH, Stuttgart.

# Textnachweis

S. 13: Spilling-Nöker, Der immerwährende Kalender 46.
S. 16: Rahner, Worte gläubiger Erfahrung 43.
S. 17: Spilling-Nöker, Der immerwährende Kalender 200.
S. 18: Grün, Das Glück beginnt in dir 6; „Was soll ich tun?“, 80–81.
S. 20: Schwarz, Der kleine Drache 82–83; 104–106
S. 22: Ibele / Nolte, Mehr Himmel wagen 6; 9; 12; 15; 18; 21; 124; 126 (Auszüge). Der Segenstext von Paul Weismantel ist entnommen aus: Paul Weismantel, Segensgebete. CS-Media-Verlag. © beim Autor.
S. 25: Lambert, Kunst der Kommunikation 129–132.
S. 27: Spilling-Nöker, Der immerwährende Kalender 8; 28; 170.
S. 28: Käßmann, In der Mitte des Lebens 91–94 (gekürzt).
S. 30: Wolf, Gönn dir Zeit 12–17 (Auszug).
S. 33: Bosmans, Mensch, ich hab dich gern 26; 16–17.
S. 35: Chittister, Weisheitsgeschichten 225; 226–227; 230–232.
S. 38: Eggehorn, Wo die Löwen wohnen 24–33 (gekürzt).
S. 41: Rohr, Auf dem Weg nach Weihnachten 16–18.
S. 44: Benedikt XVI., Angelus 13.9.2009, zit. nach: Worte der Hoffnung und Ermutigung 18.
S. 45: Bosmans, Mensch, ich hab dich gern 152–153.
S. 46: Spilling-Nöker, Der immerwährende Kalender 84; 97.
S. 48: Käßmann, In der Mitte des Lebens 84–87 (gekürzt).
S. 50: Bonhoeffer, DBW 8, 567 © by Gütersloher Verlagshaus, Gütersloh, in der Verlagsgruppe Random House GmbH, München.
S. 51: Grönemeyer, Lebe mit Herz und Seele 60.
S. 52: Grün, „Was soll ich tun?“, 80–81.
S. 54: Lambert, Kunst der Kommunikation 310–312 (Auszüge).
S. 56: Wolf, Gönn dir Zeit 94–97 (Auszug).
S. 58: Spilling-Nöker, Der immerwährende Kalender 21.
S. 59: Bosmans, Mensch, ich hab dich gern 101–102.
S. 62: Benedikt XVI., Regensburg 12.9.2006, zit. nach: Worte der Hoffnung und Ermutigung 19.
S. 63: Bosmans, Mensch, ich hab dich gern 14; 25.
S. 64: Haak, Champagner für die Seele 11–13.
S. 66: Käßmann, In der Mitte des Lebens 130–131.
S. 67: Wang, Weisheit der Lilien 15.

S. 68: Wartenberg-Potter, Wes Brot ich ess 150–152.
S. 70: Zink, Jesus 188–191.
S. 72: Chittister, Weisheitsgeschichten 21–24; 29–30 (Auszüge).
S. 75: Grün, „Was soll ich tun?“, 42–45.
S. 78: Wolf, Gönn dir Zeit 28–33 (Auszug).
S. 80: Altmann / Lechner, Leben nach Maß 35; 37; 44–45; 47; 50–51 (Auszüge).
S. 83: Lambert, Kunst der Kommunikation 137–141 (gekürzt).
S. 88: Oosterhuis, Du Atem meiner Lieder Nr. 3., S. 21.
S. 89: Bosmans, Mensch, ich hab dich gern 120–121.
S. 90: Dyckhoff, Im Feuer deiner Liebe 155.
S. 91: Chittister, Weisheitsgeschichten 67–68.
S. 92: Wartenberg-Potter, Wes Brot ich ess 63–64.
S. 93: Stutz, Ein Stück Himmel im Alltag 60–61; die Geschichte von der Palme wird wiedergegeben mit Verweis auf: Willi Hoffsümmer / Pater Franz Gypkens.
S. 94: Käßmann, In der Mitte des Lebens 62–66 (Auszug).
S. 96: Rohr, Ins Herz geschrieben 46–47.
S. 97: Fried, Beunruhigungen 35 © Verlag Klaus Wagenbach Berlin 1984, Neuausgabe 1997.
S. 98: Grün, „Was soll ich tun?“, 200–202 (Auszug).
S. 100: Altmann / Lechner, Leben nach Maß 211–215 (Auszüge).
S. 102: Wolf, Gönn dir Zeit 111–114 (Auszug).
S. 104: Bosmans, Mensch, ich hab dich gern 70–71.
S. 105: Spilling-Nöker, Der immerwährende Kalender 208.
S. 108: Nouwen, Geliebt sein 64.
S. 109: Naegeli, Umarme mich 78.
S. 110: Bosmans, Vergiss nicht zu leben 22–23; 27–28; 30–31; 163–165 (Auszüge).
S. 112: Chittister, Weisheitsgeschichten 220–224 (Auszüge).
S. 115: Dyckhoff, Im Feuer deiner Liebe 32.
S. 116: Käßmann, In der Mitte des Lebens 107–109 (Auszug).
S. 118: Rohr, Ins Herz geschrieben 187–191 (Auszüge).
S. 120: Spilling-Nöker, Der immerwährende Kalender 162.
S. 121: Schwarz, Wenn die Orte ausgehen 19; 23; 89–90; 100 (Auszüge).
S. 123: Schridde, … und plötzlich Nonne 148–149.
S. 124: Stutz, Ein Stück Himmel im Alltag 66–67; 69–70; 73–74; 81 (Auszüge).

# Verzeichnis der Autorinnen und Autoren

Petra Altmann, Dr. phil., freie Journalistin und Buchautorin, erfolgreiche Veröffentlichungen zum Thema Kloster und Klosterimpulse, zuletzt bei Herder (zusammen mit Odilo Lechner): „Leben nach Maß. Die Regel des heiligen Benedikt für Menschen der Gegenwart“ (2009).

Benedikt XVI. (Joseph Ratzinger), geb. 1927. 1977–1981 Erzbischof von München und Freising; 1981–2005 Präfekt der Glaubenskongregation; 19. April 2005 zum Papst gewählt. Zahlreiche Veröffentlichungen bei Herder, u.a.: „Jesus von Nazareth“ (2007), „Gott ist bei uns jeden Tag. Jahreslesebuch. Herausgegeben von Franz Johna“ (2008), „Worte der Hoffnung und Ermutigung. Herausgegeben von Stefan von Kempis“ (2010).

Dietrich Bonhoeffer, 1906–1945, ev. Pfarrer und Theologe; Widerstandskämpfer gegen das Hitler-Regime und Martyrer. Weltbekannt sind seine Briefe und Aufzeichnungen aus der Haft „Widerstand und Ergebung“. Bei Herder die Biografie von Christian Feldmann: „Wir hätten schreien müssen – Das Leben des Dietrich Bonhoeffer“ (Herder Spektrum Taschenbuch ³2006).

Phil Bosmans, geb. 1922, kath. Priester und Ordensmann, Begründer des „Bundes ohne Namen“. Zahlreiche Veröffentlichungen (Weltgesamtauflage bei geschätzten über 9 Millionen). Zuletzt bei Herder u.a. „Leben jeden Tag. 365 Vitamine für das Herz“ (Neuausgabe 2008); „Ja zum Leben“ (Neuausgabe 2009), „Mensch, ich hab dich gern“ (2010).

Joan Chittister, Dr. theol., Benediktinerin, Erfolgsautorin, Dozentin, Leiterin von Kursen mit Auftritten im Fernsehen und eigener Internetpräsenz (www.benetvision.org). In den Vereinigten Staaten eine der führenden Stimmen für ein Christentum, das an Lebensweisheit interessiert ist und den Dialog sucht. Sie unterstützt Initiativen für Frauen und für Frieden und interreligiösen Dialog. Bei Herder: „Weisheitsgeschichten aus den Weltreligionen. Antworten auf die Fragen des Lebens“ (2009).

Peter Dyckhoff, geb. 1937, Dr. theol., nach dem Studium der Psychologie viele Jahre als Geschäftsführer eines mittelständischen Unternehmens tätig. 1981 zum Priester geweiht, als Gemeinde-, Wallfahrts- und Krankenhausseelsorger tätig, Leiter der bischöflichen Bildungsstätte „Haus Cassian". Heute als Autor, Referent und Exerzitienleiter tätig. Zahlreiche erfolgreiche Veröffentlichungen zur Mystik und christlichen Spiritualität, Fernsehsendungen auf k-tv und Bibel-TV; Internetseite: www.PeterDyckhoff.de. Bei Herder u.a.: „Auf dem Weg in die Nachfolge Christi. Geistlich leben nach Thomas von Kempen" (62009), „Im Feuer deiner Liebe. Gebete auf dem Weg des Glaubens" (2009).

Ylva Eggehorn, geb. 1950, mit zahlreichen Preisen ausgezeichnete schwedische Schriftstellerin: Gedichte, Romane, Erzählungen, Liedtexte. Auf Deutsch bei Herder: „Ich hörte Saras Lachen. Frauen in der Bibel" (22009), „Wo die Löwen wohnen. Männer in der Bibel" (2009).

Erich Fried (1921–1988), geboren in Wien, jüdischer Herkunft, 1938 Flucht vor den Nazis nach London, gestorben in Baden-Baden. Essayist, Lyriker und Shakespeare-Übersetzer.

Monika Gänssbauer, PD Dr., geb. 1968, Studium von Sprache und Literatur Chinas sowie der Politikwissenschaft in Erlangen, Bochum und Peking. 1996–2009 Leiterin der „China Info-Stelle" evangelischer Missionswerke Deutschlands, 1999–2009 Leiterin des Ostasienreferats im Nordelbischen Missionszentrum. Seit 2009 am Lehrstuhl für Sinologie der Friedrich-Alexander-Universität Erlangen-Nürnberg.

Dietrich Grönemeyer, geb. 1952, Professor Dr. med., studierte Sinologie, Romanistik und Medizin. Ordinarius für Radiologie und Mikrotherapie der Universität / Herdecke, Direktor des Grönemeyer-Instituts für Mikrotherapie in Bochum und der Grönemeyer-Clinic für Mikromedizin in Essen. Beststeller-Autor, bei Herder: „Mensch bleiben. High-Tech und Herz – eine liebevolle Medizin ist keine Utopie" (Taschenbuchausgabe 2006), Lebe mit Herz und Seele. Sieben Haltungen zur Lebenskunst" (Taschenbuchausgabe 2009).

Anselm Grün, geb. 1945; Dr. theol., Benediktiner und Verwalter der Abtei Münsterschwarzach; geistlicher Berater, Begleiter und Autor höchst erfolgreicher Veröffentlichungen. Zuletzt bei Herder u.a.: „Jeder Tag hat seinen Segen. Morgen- und Abendgebete für die sieben Tage der Woche" (5. Aufl. 2008); „Was soll ich tun? Antworten auf Fragen, die das Leben stellt" (2008); „Die Bibel verstehen – Hinführung zum Buch der Bücher" (2010). Internet: www.einfach-leben.de

Rainer Haak, Theologe, Schriftsteller, Songtexter und Übersetzer. Zuletzt bei Herder: „Champagner für die Seele“ (2006). Internet: www.rainer-haak.de

Gisela Ibele, geb. 1963, Franziskanerin von Reute, Ausbildung zur Erzieherin und Gemeindereferentin, Leiterin des Projektes „Sinn-Welt Jordanbad“ (www.jordanbad.de). Bei Herder (zusammen mit Therese Nolte): „Mehr Himmel wagen. Nicht-alltägliche Exerzitien“ (2007).

Margot Kässmann, Dr. theol., Mutter von vier Kindern. Landesbischöfin der evangelisch-lutherischen Kirche Hannovers. Seit 2009 Ratsvorsitzende der Evangelischen Kirche in Deutschland. Zuletzt bei Herder: „Mütter der Bibel. 20 Porträts für unsere Zeit“ (2008), „In der Mitte des Lebens“ (2009).

Willi Lambert, geb. 1944, Jesuitenpater, langjähriger Spiritual am Collegium Germanicum et Hungaricum in Rom; Exerzitienbegleiter und kirchlicher Assistent der „Gemeinschaft christlichen Lebens“. Zahlreiche Veröffentlichungen zum geistlichen Leben. Zuletzt bei Herder: „Die Kunst der Kommunikation – Entdeckungen mit Ignatius von Loyola“ (2006).

Odilo Lechner, Dr. phil., 1964–2003 Abt der Klöster St. Bonifaz und Andechs. Einer der bekanntesten Benediktiner Deutschlands, Autor zahlreicher erfolgreicher Bücher. Zuletzt bei Herder (zusammen mit Petra Altmann): „Leben nach Maß. Die Regel des heiligen Benedikt für Menschen der Gegenwart“ (2009).

Antje Sabine Naegeli, geb. 1948, Studium der evangelischen Theologie, psychotherapeutische Ausbildung zur Logotherapeutin und Existenzanalytikerin. Lebt und praktiziert in St. Gallen. Bei Herder: „Du hast mein Dunkel geteilt. Gebete an unerträglichen Tagen“ ($^{7}$2009); „Die Nacht ist voller Sterne. Gebete in dunklen Stunden“ ($^{7}$2009); „Umarme mich, damit ich weitergehen kann. Gebete des Vertrauens“ (2010).

Therese Nolte, geb. 1960, Franziskanerin von Waldbreitbach, ausgebildete Krankenschwester, Krankenhausoberin in Neustadt an der Weinstraße. Projekt „Bewahrung der Schöpfung“ (Schöpfungspfad, Kräuter-, Themen- und Bibelgarten ...). Bei Herder (zusammen mit Gisela Ibele): „Mehr Himmel wagen. Nicht-alltägliche Exerzitien“ (2007).

Henri Nouwen, 1932–1996; gab eine Karriere als Hochschulprofessor auf und schloss sich der von Jean Vanier gegründeten „Arche“-Bewegung eines gemeinsamen Lebens mit behinderten Menschen an. Zuletzt bei Herder: „Christi Weg nach unten" (2009), „Geliebt sein. Was es heißt, heute als Christ zu leben" (2009).

Huub Oosterhuis, geb. 1933; Priester und Dichter; schreibt seit vielen Jahren für die Liturgie der Amsterdamer Studentengemeinde. Zuletzt bei Herder: „Ich steh vor dir. Meditationen, Gebete und Lieder" (2004), „Augen, die mich suchen. Gebete und Meditationen zum Abschied" (2006), „Du Atem meiner Lieder. 100 Lieder und Gesänge. Herausgegeben von Cornelis Kok" (2009).

Karl Rahner (1904–1984), Jesuitenpater, Konzilsberater und führender deutschsprachiger Theologe des 20. Jahrhunderts. Im Verlag Herder erscheint die 32-bändige Gesamtausgabe seiner Schriften „Karl Rahner Sämtliche Werke". Zuletzt bei Herder u.a. „Worte gläubiger Erfahrung. Herausgegeben von Alice und Robert Scherer. Mit einem Lebensbild von Christian Feldmann" (2009).

Richard Rohr, geb. 1943, Franziskanerpater, Gründer des „Zentrums für Aktion und Kontemplation" in New Mexico /USA, international bekannter und gefragter Vertreter einer zeitgenössischen christlichen Spiritualität. Zuletzt bei Herder: „Ins Herz geschrieben. Die Weisheit der Bibel als spiritueller Weg" (²2009), „Auf dem Weg nach Weihnachten" (2009), „Hoffnung und Achtsamkeit. Der spirituelle Weg für das 21. Jahrhundert" (Neuausgabe 2010).

Katharina Schridde, geb. 1964, evangelische Benediktinerin (Communität Casteller Ring), seit 2008 Leiterin der Stadtstation der CCR im Augustinerkloster Erfurt. Bei Herder: „... und plötzlich Nonne" (2009).

Andrea Schwarz, geb. 1955, ausgebildete Industriekauffrau und Sozialpädagogin, viele Jahre in der Gemeindearbeit, heute als gefragte Referentin und Trainerin tätig sowie ehrenamtlich bei Projekten der Mariannhiller Schwestern in Südafrika. Sie gehört zu den meistgelesenen christlichen Schriftstellern unserer Zeit. Zuletzt bei Herder: „Eigentlich ist Ostern ganz anders" (2009), „Wenn die Orte ausgehen, bleibt die Sehnsucht nach Heimat" (2009), „Unterwegs mit einem Engel" (Neuausgabe 2010).

Christa Spilling-Nöker, Dr. phil., geb. in Hamburg, ev. Pfarrerin mit pädagogischer und tiefenpsychologischer Ausbildung. Zahlreiche erfolgreiche Veröffentlichungen. Bei Herder u.a. „Einfach gerne leben! 365

gute Tage“ (2008), „Zeit für Gelassenheit“ (ein Aufstellbuch mit Fotografien von Andrea Göppel, 2008), „Der immerwährende Kalender für alle persönlichen Festtage“ (2010).

Pierre Stutz, geb. 1953; spiritueller Begleiter, Dichter und Autor viel beachteter Bücher. Bei Herder u. a.: „Der Stimme des Herzens folgen. Jahreslesebuch“ ($^2$2007), „Ein Stück Himmel im Alltag. Sieben Schritte zu mehr Lebendigkeit“ (2008), „Zeit für dich selbst“ (ein Aufstellbuch mit Fotografien von Andrea Göppel, 2009). Im Internet: www.pierrestutz.ch

Weifan Wang, geb. 1927, graduierte 1955 am Theologischen Seminar von Nanjing, 1958 zur Zwangsarbeit nach Qixiashan im Norden der Provinz Jiangsu abgeordert, während der „Kulturrevolution“ (1966–1976) politisch geächtet, ab 1969 zwangsweise Fabrikarbeit. 1979 rehabilitiert, Lehrer am Nanjinger Theologischen Seminar bis 1999. Auf Deutsch bei Herder: „Die Weisheit der Lilien. Meditationen eines chinesischen Christen“ (2010).

Bärbel Wartenberg-Potter, geb. 1943, 2001–2008 Bischöfin des Sprengels Holstein-Lübeck der Nordelbischen Evangelisch-Lutherischen Kirche mit Bischofssitz in Lübeck. Bei Herder: „Wes Brot ich ess, des Lied ich sing. Die Bergpredigt lesen“ (2007).

Paul Weismantel, geb. 1955, Studium der Katholischen Theologie, Domvikar, Leiter des Referats Geistliches Leben in der Diözese Würzburg.

Notker Wolf, geb. 1940, Dr. phil., seit 1961 Mönch der Benediktinerabtei St. Ottilien, 1977 zum Erzabt gewählt, seit 2000 Abtprimas der Benediktiner mit Sitz in Rom. Sehr erfolgreiche Veröffentlichungen, bei Herder: „Regeln zum Leben“ (mit Matthias Dobrinski), „Gönn dir Zeit. Es ist dein Leben“ (2009).

Jörg Zink, geb. 1922, Dr. theol., nach dem Studium der Philosophie und Theologie in Tübingen Lehrauftrag für Neues Testament und Systematische Theologie. 1961–1980 Fernsehbeauftragter der Evangelischen Landeskirche in Württemberg, seit 1980 freier Publizist. Zahlreiche erfolgreiche Veröffentlichungen.

*Ein Begleiter für das ganze Leben*

www.herder.de

Umschlagmotiv: © Sabine Hug Fotoarbeiten, München
Umschlaggestaltung:
Manuela Wiedensohler · www.schwarzwald-maedel.de
Innengestaltung:
SatzWeise, Föhren
Herstellung: fgb · freiburger graphische betriebe
www.fgb.de

Gedruckt auf umweltfreundlichem,
chlorfrei gebleichtem Papier
Printed in Germany
ISBN 978-3-451-32351-5